KB167121

한국교회의 역사

차례
Contents

한국기독교의 수용과 갈등

　　역사는 만남을 통해 진행된다. 한 인물과 다른 한 인물의 만남은 물론이고, 한 공동체와 다른 공동체, 한 문화와 또 다른 문화, 한 사상과 그와 다른 사상, 때로는 어떤 종교와 아주 다른 종교의 상면을 통해 전개되어 나가기도 한다. 이러한 역사의 만남에는 대개 갈등과 충격이 있고, 팽팽한 긴장감이 흐르기도 하며, 때로는 날카로운 충돌이 생성되기도 한다. 우리는 이것을 역사의 위기로 기록하며 역사전환의 한 국면으로 구분하는 것이 보통이며, 동시에 이러한 만남의 장면과 갈등의 위기가 없이는 역사 자체는 성립될 수조차 없음을 발견하기도 한다. 따라서 이러한 위기는 역사의 변혁이며, 새로운 역사전개의 단계임에 주목하게 된다. 이렇듯 위기와 변혁의 관계이해는 다른 어떤 영역과 분야의 역사 이해에서도 매우 유효한 관점을 제시해 주지만, 한국 근대의 정신사에서 드러나는, 새로운 종교사상과 전통적 가치체계의 만남, 더욱 구체적으로는 서구 기독교와 한국 민족공동체의 만남을 역사적으로 이해하는 데에도 더없이 유효한 관점임이 틀림없다.

민족공동체와 신·구교의 만남

16세기 서구 가톨릭교회가 극동지역 선교에 착수하였으나, 선착지인 일본이나 중국에 비해 쇄국의 빗장이 더욱 강력하던 한국에는 곧바로 접촉하지 못했다. 1592년 임진왜란 당시 한국 침략 일본군의 일부가 이른바 가톨릭 군대로 분류되던 '고니시[小西行長]부대'였고, 그 종군신부 세스페데스(Cespedes)가 내한하여 활동한 사실이 있으나 이를 한국 가톨릭의 시작으로 이해하기는 어렵다. 오히려 그 한참 이후인 18세기 후반부터 19세기에 걸친 한국인 학자들에 의한 이른바 '서학연구', 그리고 이승훈의 세례와 자생적 조선교회의 창설로 이어지는 과정이 본격적인 한국 가톨릭의 역사로 기록되는 것이 널리 인정되는 사실이다. 이처럼 한국 가톨릭교회가 비록 시기적으로 늦은 전래와 수용의 과정을 보이지만, 적극적 수용의 에너지나 신앙전파의 활동력이 강력한 양상으로 전개되었음 또한 사실이다. 그런데 한국에 전래 수용된 가톨릭의 신학적 입장이 보수적인 원칙에 더욱 가까웠던 관계로 가톨릭은 기존의 한국의 전통가치와 크게 상충되었고 이는 당시 선교지역 어느 곳에서보다 철저한 충돌과 갈등을 야기하기에 이르렀다. 즉, 기독교가 지닌 근본적인 가치체계나 교회의 세계 보편성에 근거하여 일정한 지역의 독특한 문화나 전통적 가치에 대해 배타적이었던 것이다. 여기에 당시 한국의 전통사회가 지닌 '척사위정(斥邪衛正, 사악한 것을 배척하고 정의를 지킨다)'의 유교적 가치관 또한 강력하여 두 사상과 종교의 만남은 갈등과 위기의 국면으로 전개될 수밖에 없었다. 이는 한국 가톨릭 초기사의 특징적 양상이며, 이후 수용된 프로테스탄트(신교)의 역사와도 깊은 연관성을 지니고 있다. 수용 초기 한국 가톨릭 주류사상이 민족공동체와의 관계에서 어떤 갈등의 양태를 보였는가 하는 점은 다음과 같은 사료의 증언에서도 확실히 밝혀진다. 당시 가톨릭 수용자로서 정부의 가톨릭교인 박해 과정을 지켜보던 황사영이 이른바「황사영백서」를 작성하여 로마교황청으로 보냈는데, 이것이 중도에 발각되어 더욱 강력한 가톨릭 박해사로 이어진 사건이 있다. 이 백서의 내용 일부를 쉽게 풀어 이해해 보면, 당시 두 가치체계의 만남이 얼마나 첨예하였는지를 이해할 수 있다.

"위로는 출중한 임금이 없고, 아래로는 어진 신하가 없어 자칫 불행한 일이 있으면, 흙더미처럼 무너져 내리고, 기왓장처럼 부서져 내릴 것이 정녕입니다. 만일 할 수만 있다면 전함 수백 척과 정병 5-6만을 내어 대포 등 강력한 무기를 다량 싣고, 또한 글 잘하고 조리 있는 중국 선비 서너 명을 함께하여 이 나라 해변에 당도, 임금에게 상소하기를, '우리는 서양의 선교하는 배요, 사람이나 재물로 인해 온 것이 아닙니다. 교황의 명을 받들어 이 지역의 영혼을 구원하려 하는 것입니다. 귀국이 한 사람의 선교사를 용납하여 쾌히 받아들인다면 우리는 더 이상을 요구하지 않을 것이요, 한 발의 탄환이나 한 대의 화살도 쓰지 않고, 티끌 하나 풀 한 포기 상치 않을 것이며, 우호조약만 체결한 뒤 북 치고 춤추며 돌아 갈 것입니다. 그러나 만약 천주의 사자를 받아들이지 않는다면, 마땅히 주가 내리는 벌을 받들어 행할 것인즉 우리는 죽어도 발길을 되돌리지 않을 것입니다.'"

（「황사영백서」중）

이러한 생각은 당시로서나 지금으로서나 용납하기 어려운 민족공동체에 대한 위해요, 위협이 아닐 수 없었다. 이 백서가 발각된 이후 가톨릭 신도들이 더 큰 수난에 직면하였던 것은 불 보듯이 뻔한 일이었다. 황사영이 가톨릭 신앙을 수용한 이후 하나의 특수한 가치단위에 지나지 않은 민족공동체보다 세계 보편의 진리이며 가치라고 믿는 교회와 기독교 공동체의 가치를 우선에 둔 것은 나름의 논리일 뿐, 더구나 당시 한국의 전통사회가 용납하기에는 지나치게 위험한 사상이었다. 국문 과정에서, "청에서 오는 큰 배는 어디에 쓰고자 하였는가?"라고 묻자, 대답하기를, "그 배는 중국에서처럼 큰 성당을 건설

하여 서학을 진흥시키고자 함입니다"라고 대답하였고, 다시 "큰 배 수백 척과 정병 5-6만을 청하여 온다 함은 무슨 뜻인가"라고 하자, "대포를 장전하여 조정이 겁을 먹고 서학을 금하지 않게 하기 위하여 엄포를 놓기 위한 것뿐입니다"라고 대답했다. 그러자 심문관은, "그대는 수백 척의 전함과 수만 명의 군사를 청해 오더라도 백성과 국가에 피해가 없다고 하는데, 어쨌거나 그대도 이 나라 백성인데, 어찌 차마 이런 수치스러운 생각을 하였는가!"라고 꾸짖었다. 이에 황사영은, "그런 것은 잘 모르고, 단지 서학을 국내에서 자유로이 전파할 수 있도록 하는 생각뿐인즉"이라고 응답했다. 결국 「황사영백서」의 사상은 그의 백서 내용 중의 한 표현대로, "나라는 없어져도 교회의 표적은 남아있어야 함"이라는 '탈(脫)민족 함(含)교회'적 사상에 몰두되어 있는 것이었다. 한편 비슷한 시기에 역시 가톨릭 수용자였던 정하상 같은 인물은 「상재상서」라는 신학적 문서에서, 가톨릭의 근본 사상과 한국의 전통사상, 특히 당시 유교의 중심가치가 되었던 '효(孝)'의 덕목이 절대로 상충하거나 갈등하지 않는다는 입장을 변증하였다. 그러나 이러한 정하상의 주장은 당시 한국 초기 가톨릭의 중심적인 입장이 아니었을 뿐만 아니라, 한국 정부도 그의 변증을 적극적으로 수용할 만한 여유를 지니지 못했다. 결국 한국 가톨릭 초기의 수용사는 갈등과 박해라고 하는 유래 없는 충돌의 과정을 겪기에 이르렀다. 곧 가톨릭으로 시작된 한국기독교의 역사는 이른바 '반민족 혐의'라는 위기로부터 시작된 것이다. 이러한 양상은 뒤이어 전개되는 한국 프로테스탄트교회의 수용과정, 그 선교신학에도 철저히 영향을 주었다.

'반민족 혐의'를 짙게 받았던 초기 가톨릭의 이미지는, 신·구교의 구별이 확실치 않았던 초기 그리스도교 수용상황에서 프로테스탄트의 선교에도 걸림돌이 되기에 충분하였다. 그 '외래적 성격' '서구적 성격'에다가 갈등의 역사 속에서 전통가치와 충돌한 가톨릭의 전례를 극복하지 않는다면, 프로테스탄트의 선교나 수용과정도 민족공동체와의 첨예한 대립으로 치달을 것이라는 사실은 의문의 여지가 없는 상황이었다. 여기에 정책적으로 한국 프로테스탄트의 선교와 수용을 주장한 책략가들은 이른바 '이체선언(異體宣言)'을 내세웠다. 이 말을 풀면 "우리는 가톨릭과 다르다"라는 선언인데, 그것은 중국인 황준헌(黃遵憲)의 저서『조선책략 朝鮮策略』에 기반을 둔 것이다. 이를 해석하면, 새로 수용될 프로테스탄트 기독교는 전통의 가톨릭처럼 '민족공동체'와 갈등하는 '반민족'의 진로를 걷지 않을 것이며, 또 그 자체가 탈정치적 경향, 곧 '정교분리(政敎分離)'되어 있어, 정치적 간섭이 배제된 경향이라는 의미의 선언이었다. 이러한 구별은 그 교파 자체의 종교개혁 전·후의 신학적 차이를 설명하는 교리적·역사적 구분을 기한 것이 아니라, 한국 민족공동체와의 관계, 만남의 양상을 예시하는 해설이었다. 이는 독특한 전환이며, 한국교회사에서 신·구교의 수용교체기에 나타났던 주목해 보아야 할 역사적 매듭을 의미한다. 이러한 민족공동체와의 관계설정 과정은 이후 전개된 프로테스탄트 한국수용과정에 지속적 영향력을 미쳤다.

한국 프로테스탄트 기독교의 정착 과정

1832년 독일계 유태인 목사인 칼 귀츨라프(Karl Gützlaff)가 영국 상선 로드 암허스트 호를 타고 충청도 홍주 고대도 앞바다에 정박했다. 그가 승선한 영국 상선의 목표가 한국과의 통상이었다면, 그의 목표는 한국 선교였다. 그는 한국에 프로테스탄트 기독교를 전하고자 방문한 최초의 선교사였다. 그러나 이는 한국 정부의 거절로 좌절되었다. 그 후 1866년 영국 런던 선교회 소속 목사 로버트 토마스(R. Thomas)가 미국 상선 제너럴 셔먼 호를 타고 대동강을 통해 평양에 진입하였다. 역시 이 배도 통상과 선교허락이 목표였다. 그러나 이들의 방식은 침략적 강권의 형식이었고, 당시 세계사를 지배하던 제국주의적 진출의 형식에 다름없었다. 결국 셔먼호는 평양 관군에 의해 불타고, 토마스와 그 배의 선원들은 처형당하였다. 이렇듯 두 차례의 한국 프로테스탄트 선교 시도는 모두 실패로 돌아갔다.

1870년대 말부터 한국 프로테스탄트 선교에 대한 새로운 움직임이 대두되었다. 곧 스코틀랜드 장로교 만주선교사들인 로스(J. Ross)와 매킨타이어(J. Macintyre)의 활동이다. 이들은 한국선교의 꿈을 두 가지의 방식에서 추구하였다. 한 가지는 굳이 한국에 입국하여 전개하는 선교활동보다는 국외에 나오는 한국인들을 접촉하는 일이었고, 또 한 가지는 한국 민중의 언

어로 성서를 번역하는 일이었다. 이를 비유하자면 '속인주의(屬人主義) 선교방식'이다. 마침내 이들은 한만국경의 소규모 무역상들인 이응찬, 백홍준, 김진기 그리고 서상륜 등을 만났다. 이들은 홍삼을 중국에 내다 팔고, 약재나 비단 등을 조국에 들여와 파는 상인들이었는데, 처음에는 경제적 이득, 혹은 외래 문물에 대한 강력한 호기심 등으로 로스팀의 어학선생이 되었고, 마침내 한글성서 번역에 참여하게 되었다. 특히 이들 중에서 비교적 학식이 두드러졌던 서상륜은 이국에서 병에 걸려 사경을 헤맬 때 친구 이응찬의 소개로 매킨타이어를 만났고, 그의 헌신적인 도움으로 목숨을 건졌다. 이 사건을 계기로 생명의 은인에 대한 보은의 정, 그리고 그들이 믿는 도(道)에 대한 관심이 그를 이 일에 참여하게 하였다. 서상륜의 가담으로 가속이 붙은 한글성서의 번역과 간행작업은 성과를 거두어 한글 쪽복음서들이 차례로 간행되었다. 그런데 놀라운 것은 이들 성서를 번역하던 한국인 참가자들이 강요와 권면 없이도 성서 자체에 의해 신앙을 고백하고 세례를 자청하는 사건이 발생한 일이다. 그리고 마침내 이들은 자신들이 번역한 성서를 지니고 조국 전도 길에 나선다. 결국 로스 등의 '속인주의 선교'가 결실을 거둔 것이다. 이들은 고향인 의주, 그리고 평안도 일대에서 권서(勸書)전도자로 활동했으며, 특히 서상륜은 한국 최초의 자생적 프로테스탄트 교회가 설립된 황해도 장연의 솔내(松川)를 거쳐 서울 남대문 밖에 정착하여 전도활동을 전개하였다. 이 선교행로를 '북방선교루트'라고 이름할 수 있다.

한편 1880년대 초, 일본에 건너가 근대 문물, 특히 농학을 습득하여 조국의 농업경제를 증진하겠다는 목표를 가졌던 이수정은 일본인 농학자 츠다[津田仙]로부터 기독교를 접하고, 세례·입교하였다. 그리고 역시 한글성서 번역에 나서 한문성경에 한국식 토를 단 현토성서(懸吐聖書)와 마가복음서의 한글판을 간행하였다. 그리고 미국교회 저널에 기고하여 한국선교를 강력히 촉구하는 선교유치 활동을 벌였다. 이 때를 맞추어 미국의 장로교, 감리교 선교부는 한국선교를 결정하고 마침내 한국선교사를 파송하였다. 언더우드, 아펜젤러, 스크랜톤 등이 한국으로 가는 길에 일본에 머물며 이수정을 만나 한국에 대한 오리엔테이션을 받았고, 이수정이 번역한 한글성서를 지니고 한국으로 건너왔다. 이들 미국선교사들의 선교방식은 비유하면 '속지주의(屬地主義) 선교'이며, 이 방향과 루트는 결국 '남방선교루트'라고 할 수 있다. 이들은 입국하여 학교와 병원을 세웠으며 마침내는 교회를 설립하였다. 이들 미국교회 프로테스탄트 선교사들은 자신들이 바로 한국에 첫발을 내딛는 개척선교사라고 생각했으나 그들의 예상은 빗나갔다. 이미 한국에는 로스팀의 서상륜 등이 선교의 시작을 이루었고 많은 신앙자들과 세례지원자들이 존재하고 있었다. 결국 1887년 9월 27일 한국 최초의 장로교 조직교회인 새문안교회가 언더우드에 의해 설립되었는데, 이 교회의 첫 세례교인 14명 중 12명이 서상륜 등에 의해 기독교를 접한 북방선교루트의 결실이었다. 이렇듯 최초의 한국교회는 남·북방 선교활동의 연합,

'속인주의와 속지주의 선교방식'의 절묘한 조화로 이룩된 교회였다.

　미국교회 선교사들은 이른바 '간접선교방식'으로 한국선교에 착수한 바 있다. 이미 1884년 6월 주일(駐日) 감리교 선교사였던 매클레이(R. S. Maclay)가 내한하여 고종에게 선교의 윤허를 받아냈는데, 그것은 교육과 의료의 영역에서 할 수 있는 한정적인 선교방식이었다. 한편 같은 해 9월에 중국 상해에서 활동하던 미북장로회 의료선교사 알렌이 내한하였다. 그는 미공사관 부속의사의 신분으로 입국하였는데, 당시 금교상황의 한국현실에서는 불가피한 방법이었다. 그런데 알렌에게 한국에서의 공식적 활동을 시작할 수 있는 절호의 기회가 왔다. 곧 1884년 11월에 일어난 갑신정변이다. 이 변란에서 보수파의 거두이며, 조정의 실력자인 민영익이 심각한 부상을 입어 목숨을 잃을 지경에 이른 것이다. 당시 한의학으로서는 스물일곱 군데나 칼에 맞은 자상을 치료하기에는 여러 가지 어려운 점이 많았다. 알렌이 불려갔고, 그는 곧바로 괴사된 조직을 도려내고 혈관을 경색시켰으며, 상처를 봉합하는 외과수술을 단행하였다. 그리고 소독과 소염치료로 40일 동안이나 정성을 쏟아 민영익을 회생시켰다. 이는 단순히 한국인 유력자를 살려 내어 상급을 받을 수 있는 공훈의 일 정도가 아니었다. 쇄국의 잔영이 뿌리 깊던 한국에서 서구문화, 특히 서양의술의 신뢰를 획득하고, 비록 선교사의 신분을 일시에 드러낼 수는 없지만, 안정적인 활동을 전개할 수 있는 교두보를 확보할 기회가 될 수 있는 일이었다. 이러한 예상은 그대로 적중하였다. 이 기회를 활용하여 한국에서 근대식 병원을 세우고자 했던 알렌의 계획은 1885년 광혜원, 곧 제중원의 설립으로 결실을 맺었다. 이는 병원 건물과 경상비는 국가가 지원하고 의사와 병원운영의 소프트웨어는 미국의 선교부가 제공하는 반국영의 기관이었는데, 이것이 한국에 직접 세워진 최초의 프로테스탄트 선교기관이었다. 한국의 최초 선교기관이 관민합작으로 설립된 사실은 크게 주목해 보아야 할 점이며, 이는 세계선교 역사상 거의 유일한 사례이다. 이 제중원은 훗날 세브란스병원으로 발전하였고, 제중원과 함께 설립되었던 제중원의학교는 세브란스 의과대학과 연세대학교의 연원이 된다. 제중원이 반국영 의료기관으로서 직접적인 선교활동을 벌이기는 어려운 점이 있었으나 알렌 이후 한국에 도착하는 미국선교사들에게는 교파를 불문하고 일차적으로 제중원이 활동처가 되었고, 여기서 한국선교의 적응훈련을 받았다. 따라서 제중원의 한국교회사적 의의는 일일이 열거하기 어려울 정도이다.

한편 한국 최초의 복음선교사로 명명되는 장로교회의 언더우드, 감리교회의 아펜젤러는 1885년 4월 5일 부활절에 제물포에 상륙·내한하는데, 사실 이들에게도 곧바로 기독교 신앙을 전파할 수 있는 자유가 주어지지는 않았다. 엄밀히 말하면 이들은 교육선교사, 곧 교사 신분으로 내한한 것이다. 우선 아펜젤러는 영어를 배우기 원하는 학생을 모아 서울 정동에서 학교를 시작하였는데, 이것이 배재학당이다. 그리고 그와 같은 시기에 활동을 시작한 여선교사 메리 스크랜톤은 여학교를 시작하였는데, 곧 이화학당의 창설이다. 한편 언더우드는 고아를 모아 기숙학교를 열었는데, 이것이 경신학교의 시작이며, 이후 한국고등교육의 사명을 확인하고 경신학교 대학부로 시작한 것이 연희대학의 창설이다. 이들 최초 선교사들의 활동이 궤도에 오르면서, 각 교파별로 많은 수의 선교사들이 내한하여 한국 전역에서 활동하였다. 북으로는 평양·개성·해주·선천·강계·성진·회령·함흥·원산 등지, 그리고 남으로는 수원·청주·원주·춘천·공주·대구·마산·진주·광주·목포·전주·군산 등지에 선교거점(station)이 설치되어 지방선교의 중심처가 되었다. 그리고 미국의 북장로회와 북감리회 이외에도 남장로회와 남감리회·캐나다장로교회·오스트레일리아장로회가 앞 다투어 한국선교에 착수했고, 이들 중요교파 이외에도 성공회·구세군·침례교·동양선교회·안식교 등도 한국에 선교사를 파송했다. 그런데 한반도라는 좁은 땅에 이처럼 많은 선교회가 활동을 시작하면서 사업의 중복, 불필요한 갈등이 나타나기 시작했는데, 이에 주요 선교교파들 사이에서 이른바 '교계예양'이라는 선교구역분할협정이 체결되어 교파마다 할당된 지역을 중심으로 활동을 벌였다. 이는 대단히 효율적인 측면이 있었는가 하면, 한편으론 각 교파간의 정교한 신학적 차이가 이식됨으로써, 훗날 이것이 한국교회의 신학적·신앙적 분열의 한 배경으로 작용하기도 하였다.

한편 한국에서 일정기간 선교활동을 전개해 나가던 선교사들은 한국에서의 첨예한 교파의 구별이 아무런 의미도 없음을 깨달았다. 피선교지 여러 곳에서 체험되던 '선교 에큐메니즘(Ecumanism)'의 자각이 한국 선교지에서도 대두된 것이다. 이에 한국주재 선교사들은 '복음주의 선교사 통합공의회'라는 연합기구를 결성하고, 마침내 1905년에 이르러서는 한국 단일 교회안을 만장일치로 통과시켰다. 이들의 꿈은 한국에서 교파 구별 없는 하나의 기독교회를 수립하는데 있었다. 그러나 본국의 각 교파교회 선교부는 교파의 확장을 목표로 이러한 현지의 에큐메니즘을 외면하였고 결국 단일교회의 이상은 와해되었다. 그럼에도 각 교파 주한 선교사들은, 학교나 병원 등 대표적 종합선교기관의 운영, 성서와 문서사업, *The Korea Mission Field*와 같은 신문·잡지의 간행, 무엇보다 각 교단의 여러 선교교파가 공동 참여하는 신학교육의 일치 등에 있어서는 에큐메니즘의 정신을 유지하며 실천해 나갔다. 이 초기상황의 한국선교 방책의 내·외면을 특징적으로 정리하면, 첫째 형식적으로는 '트라이앵글 메소드(triangle method)'를 사용한다는 것이다. 이는 각 선교거점마다 병원과 학교와 교회가 삼각 꼭지점을 이루며 세워지고 상호 유기적인 선교협력을 취하는 방식을 의미한다. 둘째, 정신적으로는 '삼자(三自)'로 특징지어지는 '네비어스 메소드(nevius method)'를 사용한 것이다. 곧 자전(自傳)·자립(自立)·자치(自治)로 축약되는 방식인데, 이는 한국교회가 강한 생존력을 가지고 부흥해 나갈 수 있는 정신적 원동력이 되었다.

그렇지만 한국의 초기교회 형성과정도 그렇게 수월하게 진행된 것은 아니다. 초기 한국정부의 금교정책이나 경계, 가톨릭의 선례에 의거한 '척사위정'의 정책은 가장 강력한 기독교 선교의 걸림돌이었다. 뿐만 아니라 기독교에 대한 민중적 저항의식, 민중적 시험의 관문도 예상보다 강력하였다. 이와 관계된 일로 자칫 선교가 본격적으로 시작도 되기 전에 선교 자체가 무산될 뻔한 위기도 있었다. 대표적인 사례가 1888년의 이른바 '영아소동(嬰兒騷動, baby riot)'이다. 서양 선교사들이 병원이나 학교를 차려놓고 한국의 어린아이들을 유괴하여 죽이고, 눈알은 빼내어 사진기의 렌즈로 쓰고, 간을 빼어 약으로 쓴다는 해괴망측한 소문이 돌고 이로 인해 부분적이나마 민중적 소요사태가 일어난 것이다. 실소를 금치 못할 내용이지만, 당시 민중들은 이를 심각히 받아들였다. 이화학당을 습격한 성난 군중에 의해 학당을 지키던 수위가 목숨을 잃는 사건도 벌어졌다. 모든 선교사들은 본국 공사관으로부터 소환령을 받았고, 활동은 잠정 중단되었다. 한국 정부의 신속한 개입과 여론 무마로 비교적 빠른 시간 안에 사건은 무마되었으나, 이 일은 결국 초기 한국기독교회가 넘어야 할 민중시험의 단계를 가까스로 넘은 사건으로 여겨진다.

이러한 단계와 과정을 거치고 독특한 방법과 정체성을 형성하며 진행된 한국의 프로테스탄트 초기 선교는 이제 당시 한국의 민족상황, 국권의 상실과 민중의 절망이라고 하는 정치적·민족적 현실에 어떻게 부응하느냐 하는 선교적 과제로 그

초점이 모이고 있었다.

애국심과 신앙의 결합, 민족교회

따라서 한국 프로테스탄트 기독교는 수용 초기 한국민족공동체와의 만남에서, 적극적으로 당면한 과제를 극복하여 새로운 정체성을 형성해 나가지 않으면 안 되었다. 즉, 기독교 자체가 지닌 외래종교·사상으로서의 배타적 혐의, 그리고 그 선배격인 가톨릭 수용과정에서 형성된 '반민족' 혐의를 극복하고, 새로운 관계를 형성해 나가야 할 과제를 지니게 된 것이다. 그런데 당시 프로테스탄트 수용기가 한말의 국권위기, 혹은 국권상실기와 겹치면서 상황적으로는 이른바 '민족교회' 형성의 분위기가 숙성되어 있는 편이었다. 다만 이 '민족교회'의 성격이 한국에 수용된 프로테스탄트의 또 다른 신학적 성격이며 선언이었던 '정교분리'와 일치하기에 어려운 측면이 있었다. 다시 말하면, 이른바 '민족교회'라는 성격 속에는 '정치적 성향'이 함축되어 있기 때문이다. 이에 초기 선교사들 중에는 한국 초대교회의 민족 혹은 정치적 경향을 우려하여, 이를 경계하는 이들도 있었으나, 이들의 우려와는 상관없이 한국인 수용자들은 스스로가 이미 기독교 신앙과 애국·구국의 목표를 일치시켜 나가고 있었다. 이러한 한국 초기 프로테스탄트의 신앙경향을 묘사한 당시 선교사들의 보고를 살펴보면, 그 구체적 현상에 대한 이해가 더욱 명료해진다.

"한국교회가 지닌 가장 흥미 있는 양상의 하나는 애국심이다. 우리의 연안선은 어느 주일 아침 늦게 북쪽 땅에 우리를 내려놓았다. 강 언덕 마을로 이씨는 우리의 눈을 돌리게 하였다. 대나무 끝에서 조그만 한국 국기가 휘날리고 있었다. 이 깃발들은 기독교인들의 집이나 교회 위에 휘날리고 있었다. 주일이면 그들의 집이나 교회 위에 국기를 단다는 것은 선교사들의 아무런 지시도 없이 한국기독교인들 사이에 일어난 실천이었다. 그들이 이렇게 하는 것은 그 날의 성격을 표명하고 그들의 존경을 표시하기 위한 것이다."

(The Missionary Herald, 1898. 3, p.112)

프로테스탄트 크리스천들의 이와 같은 자발적 양상은 '반민족'이라는 혐의에서 거의 벗어난 상황이었다. 오히려 적극적으로 당시 한국민족이 처한 역사적 위기의 상황에서 민족공동체의 진로에 가담하고 참여하는 이른바 '민족교회'로서의 방향을 설정하기에 이른 것이다. 이는 앞서 살핀 바대로 프로테스탄트 선교사들이나 초기 수용자들이 가톨릭의 전례나 기독교 자체가 지닌 외래유입 종교로서의 한계를 불식하고자 하는 선교 정책적 노력의 측면도 있었다. 그러나 이 보다 더욱 중요한 요건은 프로테스탄트 수용기의 민족상황, 정치상황에 의한 것이다. 외세 위협의 총체적 위기, 특히 일제의 침략상황은 기독교인들로 하여금 민족문제가 주제가 되는 선교적 과제를 지니게 했고, 여기에 어떤 식으로든지 응답하지 않고서는 어떤 사상도, 이데올로기도 구축될 수 없다는 역사의식을 불러 일으켰다. 더구나 외세에 의한 위기 상황에서 역시 외세 유입의 성격을 지닌 기독교의 정체성을 극복하고 민족 내부에 적응하기 위해서는 더욱 적극적으로 민족과 동류하는 자세를 취하지 않을 수 없는 절박한 상황이었다. 그런데 이러한 한국 기독교의 초기 현상 중에서 유리한 여건으로 작용한 구도가 있다. 그것은 동시대 여타 피선교국가나 피선교지의 경우와는 달리, 비기독교 국가세력인 '일본'의 식민침략, 그리고 그 일본을 견제할 수 있는 서구 세력에 의한 기독교 선교라는 '이원구조'를 형성했다는 점이다. 이는 같은 시대 서구제국주의에 의해 정치적·경제적 침략을 받고, 또한 그 동일한 나라로부터 기독교 선교를 받아 '기독교 제국주의 침략'에 대한 피해의식이 강력했던 다른 제3세계 지역에 비해, 기독교 선교의 수용 폭이 상대적으로 자유로웠던 한국 상황을 의미한다. 이는 19~20세기 세계 기독교 확장사에 있어 유일한 경우가 된다.

정교분리와 민족종교

그러나 프로테스탄트 수용기에 이른바 '한국민족기독교'의 형성이 지속적으로 순조로웠던 것만은 아니다. 첫째는 계속해서 제기되는 기독교의 '외세성' 문제이다. 앞서 논의한 대로 한국의 경우 이른바 '이원구조'에 의해서, 기독교 선교의 제국주의적 성격이 비교적 감소되었고, 오히려 기독교를 통한 일제 침략 대응이라는 민족적 기대감이 작용하기는 했지만, 전체적으로 기독교 또한 외래의 것이며, '반민족'의 속성을 지녔을 것이라는 선입감의 저부(底部)가 완전 해소되지는 못했다는 점이다. 둘째는 한국에 수용된 미국형 복음주의 기독교가 지닌 '탈정치적 지향'이다. '정교분리'를 주장하며, '탈정치화' '탈이데올로기화' '비민족화'를 주장하는 선교신학은 한국교회의 민족적 상황적응에 적지 않은 어려움을 가져 왔다. 한국의 대표적 선교교파인 장로교회의 공식적 선교원칙 항목 중에는 "교회 일과 나랏일은 같은 일이 아니라, 또 우리가 교인들을 가르칠 때 교회가 나랏일 보는 회가 아니요, 또한 나랏일은 간섭할 것도 아니요"라고 명기하여 정치적 사안에 적극적으로 나서려는 한국 초기교회의 성향을 경계하고 있음이 발견된다. 이는 프로테스탄트 교회가 가톨릭과는 다르다는 이른바 '이체선언'의 한 항목으로, 정치에 간섭하지 않겠다는 특징선언이나, 미국형 복음주의 기독교의 '교회와 국가(Church and State)' 관계에 대한 신학적 입장으로서의 원칙천명 등으로는 그 안팎의 의도를 충분히 이해할 수 있는 측면이다. 그러나 일제에 의한 구체적인 침략과정에 들어 있던 한국의 민족상황 하에서 다수 선교사들이 주장하던 이러한 신학적 원칙은, 초기 기독교의 '반민족성' 혐의를 재론하게 하거나 그 의혹을 가중시키는 역할을 할 수 있을 만한 충분한 소지를 지니고 있었다. 더구나 당시 한국에 대한 침략과 식민지 경영에 나섰던 일제 당국이 한국기독교를 향해 요구하던 내용이, 철저한 '정교분리'

'비정치화' '비민족화'였던 점을 감안하면 이는 더욱 명확해진다. 특히 1907년 이른바 '한국교회 대 부흥운동'이 진행되고 선교사들의 주도와 염원대로 한국교회의 신앙양태가 '종교성 강화' '내면화 성향'으로 전환되면서 한국교회의 친민족적 방향이 좌초하는 것으로 여겨졌다. 따라서 이 시기 한국교회의 민족운동 구심체로서의 역할을 기대하고 참여하였던 초기 일부 교인들이 교회의 탈속적인 방향으로의 경사를 비판하며 이탈하는 현상이 나타났다. 이에 1907년의 대 부흥운동을 '비민족화' '비정치화'의 과정으로 규정짓는 평가도 꾸준하였다. 이는 일면 한국 초기교회의 역력한 신앙노선의 고뇌였음에 분명하고 또한 실제로 그러한 '비민족화' 현상이 일부 진행되었던 것도 사실이다. 그런데 이렇듯 초기 한국민족교회 형성사에서 제기된 '정교분리'의 복음주의적 신학원칙의 개념에 대해서는 일부 지적해 두어야 할 점이 있다. 당시 다수의 한국주재 선교사들이나 일제 침략 세력의 정책 당국자들은 한국교회가 '민족문제' 혹은 '정치적 국권회복의 문제'에 적극적으로 가담하는 경향을 비판하며, 그 신학적 근거로 '정교분리'의 원칙을 내세웠다. 그러나 사실상 미국의 신앙자유국가 건설 과정에서 도출된 이른바 '정교분리'의 기본 개념은 국가권력의 간섭이나 국교적 종교정책의 강제로부터 자유로운 종교 신앙의 보장, 선교 및 신앙전파의 자유를 보장하여야 한다는 정신에서 출발한 것이다. 다시 말해 정치권력에 의한 종교 신앙의 불간섭이 주제이지, 교회에 의한 사회적 참여나 공의실천을 배제하고자 하는 데에 중심목표를 두었던 것이 아니다. 바로 이러한 개념 형성의 배경을 지닌 이른바 '정교분리'의 원칙이 당시 한국에서는 주제의 중심이 완전히 뒤바뀌어 천명되고 있는 터였다.

그러나 다수 선교사들의 선교정책의 방향, 일제의 한국기독교 정책이나 선교사들과의 제휴에 의한 한국민족교회 형성 및 와해의 과정과는 별도로, 초기 한국 프로테스탄트 기독교회의 형성을 '한국민족교회형성사'로 규정하는 데에 전적으로 반론을 제기하는 역사가는 없다. 이는 곧 한국 프로테스탄트 초기 교회의 주된 경향이 민족국가의 상황에 참여하고, 동류하는 민족교회였음을 의미하는 일이다. 우선 한국 프로테스탄트 기독교가 전래되고 수용된 1880년대 중반부터, 3.1운동이 일어난 1919년까지의 약 35년 동안의 한국기독교의 진로를 의미깊게 살펴보아야 할 필요가 있다. 단적으로 이 시기에 진행된 민족운동 혹은 국권회복운동의 대부분은 기독교와 직·간접으로 연관되어 있음을 발견할 수 있다. 한말 의병운동의 일단, 국채보상운동이나 민족자강운동의 주류, 독립협회나 그와 관련된 정치, 언론운동, 이른바 '상동파'라고 불리는 독립운동 리더십의 인맥형성과 그 구체적인 활동, 즉 헤이그밀사 파송이나 '을사조약반대운동', YMCA를 비롯한 청년계몽운동과 민족개조론, 국권회복을 목표로 한 외교적 활동 전반에 걸쳐, 한국 초기 크리스천 리더들과 일부 선교사들이 개입되어 있다. 특히 앞서 언급한 '상동파'의 경우는 구체적으로 감리교

상동교회와 엡윗청년회, 전덕기 목사를 구심으로 하는 기독교인 그룹인데, 여기에 참여하고 관련된 인물들이 사실상 당시 한국민족운동·국권운동의 인물 전체를 대표한다고 해도 과언이 아니다. 또, 이렇듯 비교적 온건한 방식의 외교적·계몽적·정신적 운동노선 이외에 국내외에서 진행된 실력행사, 곧 무장독립운동의 사례에까지 기독교인들이 직접 개입된 경우가 대다수이다. 이 사례들은 앞서 이미 논의한 대로, 구국기원 예배, 기도회, 충군애국의 집회, 상징적인 국기게양, 다양한 형태의 애국계몽운동 등에서 나타나는 민족교회의 지향성보다 더욱 구체적인 민족교회의 흔적들이 아닐 수 없다. 그러나 한국민족교회 형성사의 클라이맥스는 역시 1919년의 3.1운동 과정에서 표출되었다.

3.1운동 속에서의 한국기독교의 역할

한국 근대민족사에서 3.1운동만큼 커다란 역사적 의미를 부여할 수 있는 사건은 없다. 그런데 바로 이 한국근대사 최대 역사사건의 한 중심에, 그 분포나 역사성으로 볼 때 신흥외래 종교이며 당시로서는 소수종교에 지나지 않는 기독교회와 기독교인들이 자리하고 있다는 점은 지속적 검토가 요구되는 측면이다. 그러나 물론 3.1운동이 기독교만의 주도와 참여로 진행된 운동이라든가, 혹은 기독교 정신과 기독교 이념을 구현한 운동이었다는 의미는 아니다. 실제로 3.1운동은 종교적으로도 천도교를 비롯하여 불교와 기독교가 모두 참여하였고, 계층과 지역, 사회적 계급을 불문하고 전 민족이 함께 참여했기에 통합적인 운동으로서의 의의가 더욱 큰 것이다. 다만 이와 같은 전 민족적인 대의와 운동의 한 축으로 기독교가 역할할 수 있었던 사실에 주목할 필요가 있다는 것이며, 바로 그러한 점을 기독교 역사에서도 의의 깊게 평가하는 것이다.

3.1운동에 있어서의 기독교의 역할은 '운동 동력의 통로'와 '운동 이후의 수난 감수'로 집약된다. 먼저, 기독교가 어떻게 운동 동력의 통로 역할을 했는가를 보자. 기독교는 당시 한국민족이 지닌 전국적, 혹은 해외 연계의 독자적 채널이 전무해진 상태에서 교회조직이라는 전국적 통로를 유지하고 있었다. 또, 일부 선교사나 해외파 기독교인들이 가동하고 있던 해외정보의 수납창구를 활용할 수 있었다. 이는 비근대적 상황 하에서 3.1운동이 전국 규모로 비교적 일시에, 그리고 국제적 감각과 연락체계를 유지하며 진행될 수 있었던 바탕이었다.

다음으로 3.1운동에 따른 책임의 감당에 대해 살펴보자. 3.1운동은 현실적으로는 실패한 운동이다. 독립을 요구한 운동의 목표가 이루어지지 않았고, 일제는 이를 한국의 불온한 민족주의자들에 의한 '소요사건'으로 단정하였다. 이에 따라 운동 이후에 여러 형태의 보복과 책임자 처벌이 진행되었다. 일제의 공식적 주동자 색출과 투옥, 형 집행 중에 각 지역별로 다수의 기독교인들이 혐의를 받고 고초를 겪어야 했다. 일제에 의한 비인도적 만행과 보복 학살이 기독교회를 중심으로 진행된 것이다. 널리 알려진 수원 제암리 교회, 인근의 수촌리, 화수리 교회 그리고 평남 강서반석 교회나 맹산 교회, 만주의 노루바위 교회 사건 등은 기독교인들에게 저지른 일제의 잔혹한 만행이었다. 이는 앞서 살핀 바대로 한국기독교가 초기부터 지닌 민족교회적 이미지 때문이며, 어쩌면 그 역할 이상의 피해를 감수해야 했던 이유이다.

한편 3.1운동과 한국교회의 관계에서 특별히 주목해야 할 측면이 하나 있다. 이미 한국교회는 1907년의 리바이벌 사건을 겪으면서, 역사적 문제·민족의 문제에서는 그 관심을 거둔 교회로 인식되는 터였다. 즉, 역사참여의 측면보다는 개인 구원이나 내면화에 더 큰 비중을 둔 기독교 신앙으로 이행되었다고 단정하는 견해가 많았다. 그런데 놀랍게도 그와 같은 이른바 '몰역사적' 경향의 교회가 3.1운동과 같은 대규모 민족운동과 역사참여의 과정에 한 주체로서 활동한 것이다. 이것은 한국기독교를 단순히 역사참여에 중점을 둔 민족교회적 성향과 개인구원 성향의 기독교로 양분화해서는 이해할 수 없는 깊은 신학적 의미가 내장된 부분이다.

한국교회의 이른바 '신앙 내면화 과정'은 1907년을 전후한 '부흥운동'이었다. 이 과정을 목도한 참여론자들은 한국교회의 '비민족화' '비정치화'를 거론하면서 한국교회를 통한 민족문제 해결의 기대를 접었다. 그런데 이는 역시 단선적 판단이었다. 바로 그 과정을 겪은 한국교회가 앞서 살핀 바대로 3.1운동의 일정한 역할을 감당한 것이다. 특기할 것은 3.1운동 이

전, 이른바 '기독교민족운동' 전선에 거명되던 인물들과 그 리더십이 그대로 3.1운동에까지 연장된 경우는 극소수이고, 전적으로 종교적 지도자로 분류되던 성직 영역의 인물들이 오히려 3.1운동의 기독교 지도자 군을 형성했다는 점이다. 이러한 '내면화' 과정을 겪은 한국교회가 구체적 사건인 3.1운동에서 오히려 더욱 희생적이었고, 수난을 감당해야할 분야에서 공헌한 결과 또한 의미 있게 주목하고 경청해야 할 측면이다. 결국 '이데올로기적' 기대감이나 그와 같은 양식이 아닌, 명실상부한 종교적 형식을 갖춘 한국기독교가 '민족교회'로서의 기능을 감당한 가장 뚜렷하고 광범위한 사건이 3.1운동이다. 이는 수용 초기 한국기독교회에 제기되었던 이른바 '반민족 혐의'의 역사적 위기를 충실히 극복한 결과가 아닐 수 없다.

한국기독교의 전환과 모색

　하나의 신앙이든 신념체계이든, 혹은 이데올로기이든 어떤 경향성으로 지향해 가는 방향을 잡으면, 상당 정도 관성을 발휘하는 것이 다수의 역사적 전례이다. 종교성의 강화, 이른바 '내면화', 심하게 말하면 역사 초월적이고, 신비적이거나 묵시적이기도 한 방향으로 큰 진로를 잡은 한국기독교는 1907년 이후, 특히 1919년 3.1운동이 현실적인 성과를 얻지 못한 채 마감되면서 더욱 가속되었다. 한국교회는 이제 그 다수나 주류에 있어서 민족적 현실이나 구체적인 비전을 제시하는 '이 세상'의 자리에서 떠나, 이른바 신앙적으로 승화한 '저 세상'의 목표에 몰입되어 가는 모습을 보였다. 역사적으로 볼 때 기독교회가 지나치게 현실적이고, 사변적이거나 정치사회적인 환경에 접속되어 있는 것도 큰 문제이지만, 그 반대로 이른바 '몰역사적' 방향을 잡는 것도 또한 더 큰 문제가 아닐 수 없었다. 이미 1910~1920년대 한국교회사에 이러한 조짐이 농후했다.

탈속화된 한국기독교

자신 스스로가 기독교인은 아니었지만, 기독교와 신문화(新文化) 전래, 그리고 민족구성원 내에서의 구체적인 역할에 많은 관심을 지녔던 춘원 이광수는 1917년 11월 『청년』에 "명예의 역사를 지닌 조선교회의 앞날은 비관밖에 없는 줄 아오"라고 썼다.

사실 한국기독교의 초창기는 문화사적 관점에서도 빛나는 업적을 창출했던 것이 사실이다. 모든 새로운 것들은 기독교 공동체와 그 루트를 통해 소개되고 접촉되었다고 해도 과언이 아니었다. 이것은 '개화' 여명기의 한국 상황에서 단지 국권회복이나 민족의 독립이라는 정치적 관심뿐만이 아닌 기독교의 또 다른 역할이었다. 오죽하면 기독교의 세계관과는 정 반대의 이론인 '진화론적 사고'마저도 한국에 처음 소개된 루트가 선교사와 미션스쿨로 대표되는 신교육 과정에서였을까. 이렇듯 '개화'로 지칭되는 '근대화 첨단'으로서 선구적 리더십을 발휘하던 한국기독교가 영적 관심, 곧 '내면성' '종교성'에 깊이 빠져 '세속'과 '피안'을 구별하기 시작했을 때, 한국기독교 내외의 진보적 여론은 이를 위기로 상정했다. 이를 포괄적으로 규정하면 한국기독교가 '역사성'을 상실했다는 것이다. 이는 기독교가 성(聖)과 속(俗)을 구별하여, '이 세상'을 버리고 '저 세상'을 택하는, 교류되지 않는 이원구조에 빠졌다는 것이며, 더 깊은 신학적인 의미로는 이 둘을 '성육신적'으로 연결시키지 못하고 있다는 염려였다. 이광수는 앞의 글에서 다음과 같이 비판하고 있다.

"원래 하나님의 일과 세상의 일이 구별이 있을 리가 없다. 인류의 복리를 위한 사업은 다 '하나님의 일'일 것이다. 목사·전도사만이 하나님의 일을 하는 것이 아니라 제반 하나님의 일을 각각 분담하는 것이니, 목사·전도사도 실은 하나님의 일 일부를 담당하는 것이요, 상공업자나 학자나 기술자도 다 일부를 담당하는 것이다. 우리는 결코 일요일에 교회당에 가서 찬송하고 기도하는 것만이 하나님께 봉사하는 것이 아니라 다른 육 일 간에 인류의 복리를 위하여 하는 사업이 온통 하나님께 봉사하는 일이 된다. 차라리 육 일 간 봉사하다가 일요일에 안식한다 함이 더욱 지당할 것이다. 농상공업 어느 것이 하나님의 일이 아니겠는가."

이광수, 「금일 조선예수교의 결점」 중, 『청년』, 1917. 11.

위의 내용은 하나하나 조목조목 따져보면 커다란 신학적 명제에 연결되는 이론이다. 기독교의 역사, 곧 세계 교회사의 흐름을 살펴보면 이러한 성속의 문제, '이쪽'과 '저쪽'의 문제는 계속적인 긴장관계를 가져왔고 그 경향성의 판도에 따라 시대의 주류 신학이 형성되는 것이었다. 앞서 이광수의 논조는 넓게 보면 종교개혁의 신학이 강조하던 '교회'와 '세상'의 연결지평이다. 중세가톨릭 교회의 높은 첨탑 안에 갇혀 있던 '거룩함'이라는 전유물이, 저 넓은 역사의 변방, 각각의 나라, 모국어, 평범한 사람들의 은혜와 그 만큼의 분수에 따라 총체적이며 통전적(通典的)으로 작용하는 섭리의 보편성을 주장하는 것이다. 다만 그 중심에 성서의 말씀이나 복음의 진리만 확보된다면, 전통·제도·특별한 성별의 구획이 없이도 섭리는 작용한다는 신학적 선포인 것이다. 바로 이러한 것이 프로테스탄티즘의 근거이며, 이것이 이후 시대 세계선교의 신학적 기반이기도 하다. 물론 각자의 신앙공동체와 문화적 동류 집단이 함께 경험하고 고백하는 범주적 차이는 있다. 그러나 우주와 세계가 다 신의 섭리라고 하는 역사인식이 오히려 성속의 구분을 해체하고, 피차의 구별을 완화하는 기능으로 작용한다. 이는 모든 역사적 현상과 기독교의 이상이 성육신적으로 연결되고 있다는 신학적 인식을 가능케 함이다. 그런데 이러한 참여적이며 역사적인 신앙양태가 때로는 특수한 상황의 경험이나 환경에 의해 균형을 잃고 함몰되는 경우가 있다. 이들이 대개는 신비주의, 특수한 경건운동의 그룹이나 섹트, 임박한 종말론에 몰입된 공동체 등으로 이행되기도 한다. 분석해 보면, 첫째 현실이 지나치게 세속화되어 도무지 역사의 현상적 지평 위에서 신의 섭리를 감지해 내기 어려울 때, 둘째 현실이 지나치게 절망적이어서 역사 안에서 신의 뜻, 곧 공의라든가 사랑의 완성 같은 것이 도무지 이룩될 기미를 감지할 수 없을 때 탈속의 환경은 조성된다고 볼 수 있다. 사회주의자 등 현실인식이 예민한 이들이 한국기독교를 주목하고 비판할 무렵, 또 기독교에 대해 민족공동체의 미래책임을 일정 부분 기대했던 사람들이 기독교를 비판하고 떠나던 무렵의 한국교회사가 그런 환경 하에 놓였다. 앞서 분석하여 본 요소로 보면, 대개 두 번째의 환경요인이 팽배된 시점이었다. 3.1운동이 현실적으로는 실패로 돌아가고, 그 정리과정에서 혹독한 희생을 치른 한국기독교의 진로는 바로 현실적 절망상태의 극이었던 것이다.

탈세속적 부흥운동가들–길선주와 김익두 그리고 이용도

길선주는 1907년의 리바이벌 때부터 한국기독교회의 리더였다. 그는 한국교회의 중심인물로 3.1운동의 33인 중 하나가 되기도 하였으나, 그야말로 기독교 성서의 대표적인 종말론적 묵시, 즉 「요한계시록」을 다독한 '종교성' 강조의 지도자였다. 1900년대에 시작된 그의 신앙운동은 1920년대에 절정을 이루며, 전국교회를 강력히 견인하였다. 현실에 희망을 두지 못한 많은 신앙인들과 다수 민중들은 그의 메시지에서 임박한 종말의 예언을 보았고, 세상의 끝날과 심판, 다시 시작하는 역사의 꿈을 꾸었다. 서북·기호지방은 물론, 관북·삼남·만주에 이르는 그의 넓은 집회지역에서 개인의 회개, 묵시적 환상, 구원에 대한 확신, 피안과 내세의 축복에 대한 선풍이 일었다. 그들은 대개 오랫동안 기도하고, 성서를 깊이 상고하였으며, 성신강림과 충만한 강화를 받았다. 그러나 민족의 현실이나 구체적 비전을 제시하는 '역사적 기독교'로서의 사명에는 충실하지 못한 모습을 보였다.

김익두는 저자거리의 지극히 세속적인 인물이었으나 큰 신앙적 감동을 받을 기회를 얻어 회심한 부흥사이다. 그는 신유와 이적의 능력을 지닌 목사여서, 그의 집회가 있는 곳마다 불가사의한 증거가 나타났다. 특히 신유의 능력이 탁월하여, 병마의 질고에 빠져있던 민중들 사이에 인기가 높았다. 그 역시 전국을 다 아우르는 부흥집회를 인도하였는데, 가는 곳 마다 이적이 일어났다는 보고가 상세하다. 오죽하면, 그의 집회에서 일어났던 설명 불가능한 일들을 명확히 증명하고자 하는 『이적명증』이라는 서적이 발간되었을 정도이다. 그는 또 다른 형태로 민중의 위로자가 된 동시에 과학적이고 합리적이며, 근대적 인식기초를 가진 사람들에게 기독교나 종교 신앙의 비합리적 특징을 공격하게 하는 빌미를 계속적으로 제공하였다. 그에게서도 역시 종래의 한국기독교에서 쉽게 찾아볼 수 있었던 '민족성' '역사성' 등은 자취를 감추고 있는 터였다.

이용도는 앞서 두 인물의 활동시기보다는 약간 후기에 활동을 시작한 인물이기는 하나 그 민중적 영향력에 있어서는 누구에도 못지않다. 그는 한때 민족문제, 현실문제에 직접 가담하여 정의를 위한 역사적 역할에 골몰하기도 했으나, 신비적 종교가로서의 내면을 발견한 뒤 전국 집회에서 독특한 카리스마를 발휘하였다. 역시 몰역사적이며, 탈현세적인 이미지가 강하였다.

이들의 신앙운동 성향은 역사적 종교로서의 기독교의 균형감, 더구나 민족 위기에 대한 구심적 견인체로서의 기독교에 대한 기대감에서 바라보면, 더 이상 미련을 두기가 힘든 모형을 보여주고 있었다. 이러한 부흥가들의 활약과 선풍, 수많은 민중 크리스천들의 몰두가 1920년대 이후 한국교회 신앙운동사의 주류였다.

새로운 소그룹 신앙운동의 대두

한국교회의 몰역사적 신앙현상을 크게 환영하는 이들은 일제 당국이었다. 역사에 대해 무관심하고, 정치적 판단을 유보하는 비예언적 기독교의 신앙성향은 일제의 한국정책에서 크게 환영할 만한 일이었다. 물론 일부 선교사들, 특히 내재신앙 중심의 성향을 지닌 선교사들 역시 이러한 현상을 반대하지 않았다. 한국기독교의 '비이데올로기화'는 이들이 처음부터 바라던 바였기 때문이다. 그러나 선교사들 다수는, 사실상 기독교의 균형감 있는 신앙형태를 중시하는 프로테스탄트 정통파였다. 더구나 3.1운동 이후 일제의 기독교에 대한 만행과 폄하는 이들 다수 선교사들에게 '반일'의 성정과 명분을 축적하게 하였다. 따라서 이 시기의 독특한 역학구도를 보면, 일제가 한국기독교의 몰역사화를 부추기며 그 사회참여를 극도로 제한하고 있었고, 선교사들은 한국교회의 균형적 성장, 일제의 반기독교 행태를 제어하는 세력으로 기능하였다. 이에 한국기독교는 선교사와의 협력과 독립 문제, 일제와의 긴장과 제휴 문제를 놓고 고심하는 형태의 구도를 보인다. 여기에 한 변수로 작용한 써클이 이른바 '조선적 기독교' 운동 그룹들이다. 이들의 첫 출발은 신학적, 교회 정치적 의미에서 선교사들의 간섭과 통제를 벗어나고자 하는 독립적 교회운동체로부터 시작되었다. 이들 그룹이 이른바 '반선교사'의 기치를 높이 들 때, 일제는 그들 '반선교사' 계열을 크게 환영하였다. 이는 초창기 한국교회사에서 민족교회로의 길을 가던 한국기독교에 대해 일제와 선교사 측이 제휴하여 이를 금지하고 제어하던 시대적 구도와는 전혀 다른 형태였다. 예를 들면, 1910년대에 나타난 최중진의 '자유교회', 이후 김장호·이만집·변성옥 등이 각각 수립한 이른바 '조선기독교회'라는 독립교회 운동은 대개 일제의 정책적 지원을 받거나 친밀을 유지하는 쪽으로 방향을 잡았다. 결국 이들이 '반선교사' 운동을 전개하기 위해서는 당시의 삼각구도상 일제의 축으로 경사되는 현상으로 보이기에 충분한 정황이었다. 그러나 이들 '조선적 기독교'의 신학적 표어를 주장했던 신앙운동체 중에서 그러한 구도에서 완전히 떨어져 나와 '반선교사'를 견지하면서도 '항일'하였던 예외가 김교신의 사상과 신학이었다. 『성서조선 聖書朝鮮』이라는 신앙잡지 활동을 구심점으로 삼은, 대개 '무교회운동 그룹'

으로 지칭되던 김교신 그룹은 선교사들로부터의 신학적·제도적 독립을 주장하는 독자적 신앙노선이었다. 그리고 사상적으로는 가장 강력한 민족기독교론을 견지하여 일제의 지원이나 신앙호도에 강력한 반기를 들었다. 민족상황의 독특한 맥락에서 성서를 읽고 실천해야 한다는 '성서민족주의'의 독자적 목표 또한 견지하고 있었는데, 이것은 '성서조선사건'에서 강력히 드러난다. 이 사건으로 인해 일제 당국은 김교신 공동체가 주장한 한국민족의 '성서적 희망'에 대한 경계를 크게 가졌고, 가혹하리만치 이들 그룹을 탄압하였다. 김교신은 『성서조선』에 기고한 한편의 칼럼, 「조와(弔蛙, 비상한 혹한 중에서도 살아남은 몇 마리의 개구리를 묘사한 민족회생의 소망을 담은 글)」로 인해 옥고를 치루고 잡지는 폐간되었다. 그리고 이들과 동일한 출발을 보이다가, 독자적이기는 하지만, 기성의 교회제도를 채용하여야만 신앙운동의 범위가 구축된다고 보아 한국적인 새로운 교단을 창설한 이가 최태용이며, 이것이 바로 '복음교회'이다. 1920~1930년대를 특징지었던 이들 새로운 소그룹 신앙운동이 한국교회의 주류를 형성하거나 방향을 설정하지는 못했지만 이 시기 한국교회사를 이해하는 중요한 요소가 됨은 분명하다.

계몽적 사회운동의 형태

한국교회의 1920~1930년대를 살필 때 여러 가지 복합적 특징이 드러난다. 신학적으로는 보수적 근본주의가 주축이 되었고 개인적 신앙은 부흥회적 신앙운동에 함몰되어 개인구원에 치중되었다. 그리고 일부 소 종파 형태의 신앙공동체들은 기존 교회의 매너리즘을 비판하며 독자적 신앙운동을 전개하기도 했다. 더욱 중요한 것은 3.1운동 이후의 한국교회는 사회적 관심도 역사적 책임성도 상실하고, 더구나 민족의 문제에 대해서는 이미 먼 간격을 지난 것으로 이러한 견해는 당시 민족의 좌파계열, 특히 사회주의자들에 의해 강력히 주장되었고, 근대적 과학주의를 지지하던 지성계에서도 한국기독교의 진로에 대해서 비판적 견해를 지니고 있었다.

그러나 한편에서 보면, 기독교 자체의 일부 노선은 이 시기에도 활발한 사회참여의 목표를 수행하고 있었고 이는 일정한 성과로도 나타났다. 가장 중요한 영역은 기독교의 농촌운동 부분이다. YMCA가 중심이 되어 선도하였고, 나중에는 장로교회, 감리교회의 총회나 본부에서도 농촌부를 신설하여 이 운동을 전개하였는데, 한때 큰 성과를 거두기도 하였다. 당시 일제의 강력한 식민지 수탈정책에 의한 피폐한 농촌상황은 한국교회의 사회적 관심을 제일 먼저 자극하는 부문이 아닐 수 없었다. 생산성 향상과 소득증대, 새로운 농사법의 보급 그리고 계몽적 차원의 농촌교육이나 의식개혁 운동 등이 전개되었고, 문맹퇴치 등 이른바 '상록수 운동'도 기독교계 엘리트들의 사명감을 고취시켰다. 그밖에도 금주·금연·절제운동 등이 각 교회를 운동지회로 하여 활발히 전개된 측면도 살필 수 있다.

그러나 당시의 한국기독교 사회운동은 일정한 한계를 지니고 있었다. 구체적 예를 들면, 기독교의 농촌운동만 보아도, 이 운동의 방향이나 목표가 공교롭게 일제의 정책적 지표와 일치하는 측면을 보인다. 산미증산이나 농업 생산성 향상 등은 총독부의 단골 농촌시책과 궤를 같이 하는 것이었다. 다시 말해, 이 시기에 한국기독교의 사회운동은 민족적 저항이나 식민지 수탈에 대항하는 구도에서는 유약한 측면을 보였다고 볼 수 있으며, 이는 결과적으로 운동의 목표설정과 민중적 호응에서 큰 성과를 얻지 못하는 결과를 낳았다.

해외선교 활동의 시작

넓은 의미로 기독교의 사회참여나 역사적 책무라는 것은, 모두 선교의 과제로 인식되는 것들이다. 선교의 형태가 사회문제에 대한 적절한 응답으로 나타나는 것이 사회참여이며, 신학적으로는 예언행위인 것이다. 물론 이 선교의 핵심적 범위는 기독교의 복음을 전하고, 기독교적 문화와 사상을 확대시켜 나가는 직접적 행위에 적용된다. 근대 이후 한국은 대표적인 피선교국이며 수용된 기독교를 진작시켜 나간 지역이다. 그런데 역사가 짧고, 그 수용 전개 과정에서 혹심한 박해와 수난을 겪은 한국교회가 일찍부터 해외선교를 수행하고 이를 큰 사명으로 삼아 지속했다는 점은 한국교회사에 특기해야 할 항목이 아닐 수 없다.

한국교회의 해외선교는, 근대 이후 여러 가지 이유로 해외로 이주하여 삶의 터전을 잡기 시작하였던 한국이민자들을 위한 선교 프로그램과 순수하게 이웃의 다른 민족들에게 자신들이 수용한 복음진리를 전파해야 한다는 선교적 사명감에 의한 것으로 양분된다. 1903년으로 기록되는 하와이 사탕수수농장의 한국 근로자 진출, 즉 미국에 진출한 한국이민 시작의 역사와 함께 한국교회는 전도자를 함께 파송하여 한인교회를 설립하는 등 그 이민역사와 선교역사가 일치한다. 뿐만 아니라 독립운동을 목적으로, 유학이나 다른 이유의 해외활동을 목표로, 더 나아가서는 일제하 경제적 피폐를 견딜 수 없어 유랑의 길을 떠난 이주 한국인들의 삶의 터전마다 어김없이 한국교회는 선교사를 파송하고 한인교회를 설립하였다. 미국의 한인교회 역사는 물론 그 밖의 여러 한인 이주지역에 분포하는 한인교회는 한국교회의 성실한 선교자세의 결실이었다.

　1907년 대한예수교장로회의 독노회(독립노회라는 뜻으로 한국에서 최초로 조직된 프로테스탄트 교단)가 조직될 때 당시로서는 해외나 다름없던 제주도에 목사 이기풍을 파송하여 공식적 선교교회를 세우고자 결의한 것을 필두로, 1910년대에 중국인을 위한 선교를 위해 한국선교단을 파송하였고 내몽고·시베리아·중앙아시아에 이르는 지역에까지 한국선교사를 파송하였다. 이것은 세계선교 역사상 유례를 찾기 어려운 일들로, 당시까지 철저한 피선교교회이며 피선교국이었던 한국교회가 동시에 진행한 선교교회로서의 진취성을 보여 주는 대목이다. 이것은 신앙적 열의, 즉 신앙 내연의 강렬한 에너지가 작용한 결과이겠지만, 한국교회의 역사적 책임, 넓은 의미에서 복음수용의 실천적 사명을 다한 측면도 살필 수 있다. 특히 '몰역사적 신앙'으로 규정되던 1920년대 이후에 가장 활발한 해외선교 프로그램을 확장했다는 사실은 이 시대 한국교회사를 새롭게 보아야 할 요소임에 분명하다. 이러한 측면에서 보면 역사의 현장에서 몸을 감춘 한국교회의 한 시대로 규정되고 평가되는 1920~1930년대의 한국교회의 현상, 신학 또는 위기의 단계 한편에 존재하는 새로운 참여 방식에 대해 다시 주목할 필요성이 있다.

한국기독교의 저항과 굴절

　　1930년대 중반 이후로 접어들면서, 한국 프로테스탄트 교회는 그 때까지 경험한 여러 형태의 수난이나 박해와는 비교가 되지 않는 탄압에 직면하였다. 즉, 단순한 종교 신앙의 외연적 표현행위에 대한 규제나 선교의 편의성이 침해되는 외형적 압박만이 아니라 그 신앙 신념 자체에 대한 변형을 초래하는 더욱 근원적인 제어를 받기에 이르렀다. 대표적으로는 이른바 '신사참배'의 강요에 직면했고, '기독교의 일본화' '천황숭배' '반평화적 군국주의 지향'의 프로세스에 직접적으로 참여하지 않으면 안 되는 상황을 맞은 것이다. 여기에 한국교회는 일단 강력히 저항하였다. 당시까지 형성된 한국기독교의 보수적이고, 강력한 정통주의 신앙은 이와 같은 신념과 신앙

정조에 대한 탄압에 대해 순교적으로 대응하는 에너지를 강하게 지녔던 것을 살필 수 있다. 이는 다시 부언하겠지만, 비정치적이고, 비민족적이며, 역사 참여적이기보다는 개인적이고 내면적인 신앙을 중시했던 기독교 신앙의 경향성이 정치적 탄압보다 오히려 종교 신념 자체에 대한 탄압에 더욱 예민하게 반응하는 현상을 증명하는 것이기도 했다. 즉, 이 시기 한국교회 저항의 주체는 더욱 보수적이고, 탈역사적인 유형의 신앙이 중심이 되었다는 의미이다. 그러나 이러한 한국교회의 일제 말기 저항은 일제의 강력하고 극단적인 탄압정책 앞에 오래 지속되지 못했다. 다수 기독교가 질곡의 굴절로 이행하였고, 다만 소수의 신앙이 굳은 인물들이 끝까지 남아 저항하며, 순수성과 정통성을 계승하였다. 일제 말기 한국교회와 대결한 일제의 실체는 정치적 이데올로기나 국가권력의 힘이 아니라 종교적 카리스마였으며, 국가종교의 요건을 갖추었던 천황제 이데올로기였음에 주목할 필요가 있다.

천황제, 정치적 이데올로기인가, 신앙적 종교인가

천황제 이데올로기가 정치적 이데올로기인가, 아니면 종교적 카리스마를 수반한 신앙적 산물인가 하는 문제에 대해서는 지금까지도 해석의 차이를 보이고 있는 것이 사실이다. 그러나 분명한 것은 정치적 목표 하에 체계화된 제도와 그 이데올로기가 시대와 상황에 따라 신앙적 특성을 지니기도 했고, 현재의 '상징천황제' 하에서도 일정부분 그 잔재가 남아 있다는 사실이다. 물론 천황제 자체가 종교제도도 아니요, 천황제 이데올로기가 하나의 종교로서 요건을 다 갖춘 것은 아니다. 그러면서도 일정한 시대, 특히 일제 말 군국주의 파시즘과 결합하면서 일본의 아시아 및 세계 침략전쟁과 식민지 경영, 일본 자국민의 국민통합을 위한 주된 이념으로 활용될 때에는 강요된 '종교체계'로서의 농후한 속성을 지녔다. 이는 이미 일본 안팎의 많은 학자들에 의해 역사적으로 확인된다.

일본의 천황은 오랜 역사를 두고 존재했으나, 역사적으로 의미를 지닌 것은 이른바 '메이지유신' 이후에 형성된 근대천황제이다. 유신의 주도자들은 두 가지 면에서 '천황제'를 강화할 필요를 느꼈다. 첫째, 지방분권, 즉 '막부제도'의 전통을 지니고 있는 일본정치사의 특성상 이를 강화하여 강력한 중앙집권력을 향상시킬 필요가 있었다. 이는 일본정부의 강력한 힘을 결집하여 근대화와 서구식 제국주의를 수립할 수 있는 바탕 요건이었다. 둘째, 서구의 문물을 수용하여 급속한 근대화를 추진하면서도, 서구사상의 근본이 되는 기독교의 수용은 견제하고자 하는 입장이 강하였다. 이를 '화혼양재(和魂洋才)'라고 하는데, 곧 외형적 문명은 서구 것을 받아들이지만, 내재의 혼만은 일본의 것을 취한다는 정책이었다. 이러한 결의 하에 사실상 서구의 정신적 근본인 기독교를 방어할 만한 일본식의 정신적 체계를 창출하지 않으면 안 되었다. 이상의 두 가지 직접적인 필요에 의해 일본은 천황제를 강화하고 그 이데올로기를 창출했으며, 그 연관된 종교체제로서 '국가신도'를 선양하였다.

한편 일본의 전통적 종교체제로서의 '신도(神道)'는 다신교, 현세축복 중심의 종교행태를 견지하며 일본의 민간에 오랫동안 만연되었다. 불교나 유교와 같은 고등 유입 종교가 일본 종교체계에 일정한 영향력을 행사하고, 그 문화적 바탕을 창출한 것은 사실이지만, 일본 민중에게 가장 유효한 종교 신념의 체계로는 신도의 영향력이 가장 강력하였다. 이것이 정치적 목적으로 작위(作爲)된 천황제와 결합한 것이 '국가신도'이다. 일본 정부는 '국가신도'를 종교로 규정하지 않는다. 이를 위해 신도를 '교파신도'와 '국가신도'로 구분, '교파신도'는 종교의 하나로, '국가신도'는 국가가 관리하는 국민의례의 근본으로 선언하였다. 물론 '현인신(現人神)'으로까지 신격화시킨 천황의 신성과과 '신도'가 결합되고, 그러한 천황을 정점으로 하는 '국가신도'가 강력한 '종교성'을 지녔다는 것은 조금만 관심을 가지고 보아도 금방 알 수 있는 사실이다. 일본은 이러한 '국가신도'를 일본의 전국민, 그리고 식민지 한국의 모든 사람들에게 강요하며 의무적 참배를 실시하였다. 여기에는 일제의 정치적 목표가 수반된 것이었지만, 국가신도와 천황제가 가진 지나친 종교성 때문에 가장 혹독한 종교탄압의 현상으로 나타난다. 아무리 일본 정부가 '국가신도'는 국민의례에 지나지 않는다고 주장하였지만, 초기에는 일본의 기독교인들마저 이 신념체계가 지닌 종교성 때문에 유일신 신앙의 기독교 신앙을 침해하는 것이 아닐까 하는 우려에 빠졌던 것을 볼 수 있다. 그 이유로는 첫째, '국가신도'에 대한 참배에도 축복을 빌고, 개인과 국가, 공동체의 안녕을 기원하는 종교적 발원행위가 포함되어 있고, 사실상의 공무원 신분인 '국가신사'의 제관들도 국가와 개인, 공동체를 위한 종교적 제례의식을 집행한다는 점이다. 둘째, 이 '국가신도'의 정점이 되는 '천황'의 권위가, 앞서 말한 바대로 '현인신'의 위치에서 신성을 부여받고, 다른 어떤 종교의 '신'보다도 상위 위치에서 절대적 추앙을 받아야 하는 구조는 이것의 종교성을 여실히 나타내 주는 것이다. 이는 일제 말 한국기독교와 천황제 이데올로기, 혹은 국가신도가 대결한 가장 핵심적인 이유이다. 이에 따라 대개는 일제 말의 한국기독교의 수난과정을 정치적 권력에 의한 종교신앙의 탄압이라고 할 수 있는 '정교갈등(政敎葛藤)'으로 규정해 왔으나, 필자는 '교교갈등(敎敎葛藤)'으로 정리하였다. 이는 그것을 하나의 종교로서의 '천황제 이데올로기'와 '기독교 신앙'의 갈등 과정으로 파악한 것이다.

신사참배와 천황숭배의 강요

일제의 한국강점이 시작된 이래 사실상 신사의 건립과 이른바 국가신도의 국민의례, 일본종교의 유입 그리고 천황의 신성숭배 등은 일찍부터 시작되고 꾸준히 강제되어 왔다. 전국에 신사가 건립되고 1920년대에는 서울 남산에 '조선신궁'

이 건립되는 등 신사참배 강요의 역사는 식민통치와 궤를 같이한다. 그러나 본격적으로 강제적이며, 의무적인 신사참배가 시작된 것은 1930년대 이후로 보는 것이 타당하다. 더구나 기독교 학교를 필두로 기독교계에 이를 전면 강요하여 신앙적 갈등이 본격적으로 시작된 것은 중일전쟁이 일어난 1930년대 중반 이후로 평양에서 기독교계 학교의 교원들과 학생들에게 강제로 신사참배를 요구하여 이른바 '삼숭', 곧 숭실·숭의·숭인학교와 같은 미션스쿨을 경영하는 장로교 선교사들과 마찰을 일으키면서부터이다. 우선 이 문제가 본격화되었을 때 미국 선교사들과 한국기독교계 지도자들은 '국가신도'가 단순한 국민의례라는 일본 정부와 총독부 당국의 설명을 인정치 않았다. 개인의 신앙과 양심의 자유에 맡기지 않는 신사참배의 전면적 강요는 신앙의 자유에 저촉이 되며, 기독교의 우상숭배 금지라는 유일신 사상과 갈등을 일으킨다고 보았다. 이에 일제는 이를 전국적으로 전면 강요하였고, 기독교 학교의 경우는 만일 신사참배를 거부할 경우 학교설립 승인 자체를 취소하여 폐교조처하겠다는 강경한 방침으로 나갔다. 당시 일본은 중일전쟁 이후 태평양전쟁으로 이행하면서 신성적인 천황제 이데올로기를 강화하고 국가체제를 종교집단에 준하는 절대적 가치로 무장시키는 상황이었다. 이를 더욱 강화해 나간 후반기에 이르면, 천황숭배와 신사참배의 강요가 상상의 수준을 초월하는 단계로 나아간다. 예를 들면, 천황은 이미 신의 경지를 넘어 그 어떤 신성의 권위와도 비교할 수 없는 위치에 있음을 강조하는 지경에 이르렀다. 당시 많은 기독교인들을 구속하고 심문한 경찰·검찰의 조서기록에 의하면, 다음과 같은 유치하고 단순한 비교우위를 묻는 질문이 쏟아지고 있다.

> "문: 천황폐하와 여호와 하나님 중에 누가 더 높고 위대한가?
> 답: 차원이 다른 관계로 서로 비교할 수가 없다.
> 문: 너희들이 말하는 세상의 끝날 심판에 과연 천황폐하도, 대일본제국도 심판을 받는가?
> 답: 하늘 아래 모든 창조물 중 심판을 면할 존재는 없다.
> 문: 천황폐하도 과연 피조물이며, 원죄를 지었는가?
> 답: 예수 그리스도 한 분 이외에는 원죄로부터 자유로운 존재가 없다."

이상은 종교적 의미의 갈등이나 탄압이 아니면 도저히 질문하지 못할 내용이며, 그 원색적인 내용 자체만으로도 탄압 주체의 성격을 극명히 나타내고 있다. 이러한 검속, 위협 하에서 초기 한국 크리스천들은 대개 여기에 의연히 대처하였다. 다만, 각 교파나 종파별로 대응 태도가 다소 달랐는데, 예를 들면, 가톨릭교회의 경우는 처음부터 일본정부가 주장한 국가신도의 국민의례 주장이나 천황의 정치적 권위 등을 인정하여 신사참배 등을 선선히 받아들였고, 개신교단 중에서도 감리교회 등의 경우는 일부 개인적 저항이 있기는 하였으나, 특히 미션스쿨 등의 경우, 신사참배를 국민의례로 해석하여 받아들이더라도 기독교학교나 교회의 존립 자체가 더욱 중요하다는 포용적 입장을 일찍부터 취하였다. 시간이 흐르고, 신사참배 강요에 대해 적극적인 반대 입장을 취하던 선교사들이 다수 추방당한 후, 대표적으로 일제의 강요에 대해 저항 입장을 취하던 장로교회 등 대부분의 교회들이 강압에 굴복하였고, 성결교회·안식교회 등 임박한 종말론이나 재림사상 등을 신봉하던 소 교파·소 종파들 중에는 강제해산당한 경우도 발생했다.

한국기독교회 주류의 굴절

천황제 이데올로기가 강력한 군국주의 파시즘과 결합되어 광적인 일원적 정치체제와 이념을 형성하였던 일제 말기 이미 일본에서나 한국에서 기독교의 정체성은 유지되기 어려웠다. 일본에서도 유일신성의 기독교의 신앙체계가 유보되는 현상이 비일비재하였고, 일본 기독교인 스스로도 그와 같은 변형된 기독교를 '일본적 기독교'라는 명제로 합리화해 나가고 있었다. 더구나 일본 프로테스탄트 교회가 정부의 방침, 즉 종교단체법에 순응, '일본기독교단'이라고 하는 하나의 교파로 통합되면서, '일본국민'으로서의 특수한 정체감으로 인해 '기독교인'으로서 보편적 지평을 부정하는 사례가 자주 나타났다. 한국기독교의 경우는 그 상황이 더욱 심각하였다. 일제 말기에 이르러서 한국 통치자들은 민족교회로서, 또 서구 제국과의 한 채널로서의 특징을 지닌 한국교회를 섬멸하고자 하는 정책을 수행했다. 단순히 기독교의 신념체계를 천황제 이데올로기 하에 예속시키고자 하는 사상 재편의 목적뿐만 아니라 한국교회 탄압을 통한 한국 민족성의 삭제라고 하는 식민정책의 목표가 첨가된 것이었다. 이 무렵의 한국기독교는, 그 '기독교 자체로서의 정체성'과 역사적 과정을 지닌 '민족교회로서의 정체성' 모두를 위협받고 있었다.

한국의 대표적 교단인 장로교회는 1943년에 발표한 '신앙실천 요항'에서 다음과 같은 내용을 선언함으로써 이미 굴절의 극단적 한계를 내보이고 있다.

"각 신도의 가정마다 신단을 설치하고 황도정신을 철저히 봉행할 것/ 국체본의에 기초하여 충군애국의 정신과 경신숭조의 정신을 함양할 것/ 아국의 순풍미속을 존중하고 강직한 기풍을 길러 견인지구의 공고한 의지를 연성할 것/ 신도의 황민연성의 열매를 거두기 위하여 황국 고전 및 국체의 본의에 관한 지도교본을 편찬 할 것/ 각 지역에 연성회를 개최하고 목사 및 신도의 연성에 노력하며 특히 황국문화의 연구 지도를 도모할 것."

위 실천요항 어디에서도 기독교회의 정체성이나 신앙공동체의 목표를 수행하고자 하는 특색 있는 의지를 발견하기는 어렵다. 당시 일제가 몰고 가고자 했던 '황도 국가'의 지표, 전체주의와 전쟁을 독려하는 파시즘에 동원되어 있는 모습을 발견할 뿐이다. 당시의 기독교회 조직은 조직 자체가 존립하는 조건으로 오히려 조직통로를 이용한 식민지 동원, 천황제 국가 강화의 선봉에 서야만 하는 왜곡상황을 경험해야 했다. 교회가 자신들의 신앙수련이나 신앙공동체의 성숙을 위한 프로그램을 입안하고, 신도의 윤리와 경건을 지도할 수 있었던 것이 아니라 교회도 국가에 예속된 하나의 실체조직으로서 국가 모든 구성원이 한 정점으로 집중하고 있는 제국주의적인, 천황존숭의 '신성종교국가'의 목표에 함께 몰입해야 하도록 강제되고 있던 터였다. 이는 비단 특정한 교파에 국한되는 것이 아니라 일본과 한국을 망라하고, 장감(장로회와 감리교)과 그 밖의 다른 교파를 불문, 공통적으로 받아들여야 했던 존립조건이었다. 이러한 문제가 일본 내에서도 일정한 저항과 갈등을 겪기도 하였고, 더구나 한국교회 안에서는 지속적인 대결, 갈등, 탄압이 전개되었다. 그러나 일정한 시간이 흐르고 더욱 강고한 일제의 강압이 계속되자 주류교회는 하나 둘 그 존립 자체를 위해 순응하고 적응하는 모습을 보이기 시작했다. 정치적인 판단으로는 일제의 멸망은 현실적으로 불가능한 것으로 여겼고, 따라서 한국의 독립 또한 요원한 염원만으로 여기는 분위기가 팽배했다. 여기에 따라 다수의 기독교 지도자들이나 신학자들은 이러한 현실인식에 따른 기독교 정체성의 변형을 이른바 '일본적 기독교'의 창출과 '일본적 신학'의 명분으로 합리화시키는 과정에 돌입했다. 따라서 일본 내의 기독교는 물론 한국기독교도 점차 '일본화'의 명분으로 변질되는 과정을 걸었다. 장로교회의 신앙생활 실천지침이나 감리교단의 신도생활 지침에 천황존숭과 국가보국의 실천요항이 강조되어 외연과 행위를 통한 일제동원의 현상을 보이는 것은 오히려 표피적인 일이다. 시간이 지날수록 기독교 신앙 내면, 본질 문제에 대한 위해가 진행되는 더욱 심각한 정체성 혼란의 위기를 겪게 된다. 1940년대에 접어들면서 '유대사상의 배제' '구약성서와 신약 묵시록의 배제' '사복음서만을 중심으로 한 교리 선포의 강조' '웅장한 음곡(音曲)과 십자군병 등의 가사를 담은 찬송가의 금지' 등등이 강제되었다. 요컨대 기독교의 핵심적 사상이나 신앙의 본체, 사상체계 등을 '일본주의'나 '천황제 이데올로기'에 종속시켜 나가고, 혹 이에 적극 상충되거나 대립되는 요소는 배제시키거나, 비역사적이고 초월적인 산물로 치부해 버리는 방향을 잡았다. 선교사들이 정치적 이유로, 혹은 종교적 이유로 전면 추방되고 기독교 내부에서 신학적으로 보수적 입장을 견지하던 투쟁가들이 격리된 이후 해방 직전의 한국 프로테스탄트 기독교는 완전히 일본의 변형 프로그램에 의해 재편된 굴절의 극을 이루었다.

일제 말기의 상황을 단순히 기독교에 상충되는 강력한 독재 정치체제에 의한 탄압으로 보느냐, 아니면 종교적 성격을 지닌 신앙체계에 준하는 국가권력과 기독교 신앙체계 간의 갈등으로 보느냐에 따라 그 폐해의 정도는 다르게 가늠될 수 있다. 만약 지금까지 수차 기술되어 왔던 것처럼 '정교갈등'의 과정으로 본다면, 오히려 혹독한 탄압의 과정에서도 기독교 신앙체계의 정체성 자체가 변질되거나 포기된 것으로 보지 않아도 될 가능성이 있다. 그러나 일제 말기 강력한 군국주의 파시즘과 결합된 천황제 국가체제를 종교국가 내지는 종교체계로 상정한다면, 이 시기의 갈등은 유일신성의 신앙체계를 신봉하는 종교 간의 충돌, 곧 '교교갈등'의 관계로 보아야 한다. 이런 와중에서 기독교가 일제에 순응하고 굴절되었다는 사실은, 한 종교 신념체계의 철저한 와해, 신앙본질의 변형으로까지 진단해 내어야 할 상황에 당도한다. 일제 말기 주류, 다수 교회가 처한 모습은 바로 그와 같은 정도에까지 이른 것이다.

한국기독교 소수의 저항

일제 말 한국기독교의 저항 주체는 크게 두 개의 그룹으로 구분되어진다. 즉, 장감 주류교파에 소속된 교역자나 평신도 중에서 특별히 신학적으로 보수근본의 신앙기조를 유지하던 계열과, 애초부터 주류교파와는 일정한 거리를 두고 소 종파로 불릴 만한 독특한 신앙기조를 유지하거나, 강력하고 임박한 종말·재림사상을 견지하던 교파, 혹은 무교회주의라고 할 수 있는, 기존 교파의 제도를 부정하던 그룹으로 구획할 수 있다.

다만 어느 교파나 서클에 속하든지 간에 이들의 공통점은 신학적으로는 보수, 역사이해에 있어서는 재림사상과 임박한 종말론을 견지하여 현실의 역사운행을 일시적이고 지엽적인 일로 치부하는 '탈역사성'을 지녔다는 점이다. 더욱 포괄적으로 말하면, 신앙적 논리에 더욱 철저하고 진지한 부류인 것이다. 이들은 역사 안에서 이루어져야 할 공의의 문제나 정치적 정의의 문제보다는, 우상숭배의 철저 배제 등과 같은 신앙적 덕목이 더욱 중요한 관심이 되는 보수적인 신앙인들인 것이다. 바로 이들이 일제 말기 한국기독교의 저항주체였다. 이들의 저항은 민족적 정체성을 표현한 일이거나 민족적 저항의 표현이었다고 보기는 어렵고, 그야말로 신앙적 동기, 신앙적 순수성을 지키는 순교자적 자세에 의함이었다. 이들은 철저히 기독교 십계명의 제1계명, 곧 "나 이외에 다른 신을 섬기지 말라"는 신앙 제1덕목에 충실히 따랐던 것이다. 일제는 이들의 저항에 대해 일단 강제와 압력, 혹은 고문과 구금과 같은 직접적 방법도 사용하는 한편, 신사참배나 천황숭배의 내용이 종교적·신앙적 측면이 아닌, 국가·국민의례에 지나지 않는다는 논리로 설득하려고 애썼다. 이른바 '신사 비종교론'이라고도 하는데, 여기에는 일본 관헌들뿐만 아니라 일찍이 이를 받아들이고 순응하여 '국체'에 부응하였던 일본기독교인들도 동원되었다. 한 예로 1938년, 일본기독교회의 대표 도미다[富田]목사 일행이 한국교회를 방문, 신사의 비종교성을 강조하고 설득하는 임무를 수행한 것에서도 잘 드러난다. 당시 도미다 목사가 한국 신사참배 반대운동의 대표적 인물이자, 결국 옥중에서 순교한 주기철 목사의 평양 산정현교회를 방문, 이에 대해 토론한 내용을 일본의 기독교 신문인 「복음신보 福音新報」 1938년 7월 21일자는 다음과 같이 보도하고 있다.

> "주 목사가 목회하는 산정현교회당에서 4개 노회 논객들이 운집하여 간담회를 개최하였다. …… 이 교회의 담임목사는 전날 경찰의 유치장에서 석방된 터였다. 주제는 신사참배문제였다. 도미다 씨가 신사를 정부가 국민의례로서 종교가 아니라고 규정한 이상, 종교가 아니라는 사실을 여러 법령을 이용해 가면서 반복해서 설명하자 여러 질문이 쏟아졌다."

신사참배와 천황숭배의 강요와 같은 일제 말기의 상황에서 이것이 종교와 무관하다는 설득을 펴고 있는 자체가 한국교회 저항 에너지의 중심이 어디에 있었는가를 여실히 나타내고 있는 측면이다. 결과적으로 일제 말의 상황은 종교적 신념체계 간의 갈등이 분명하며, 그것으로 일본 천황제 이데올로기의 실체, 일제 말기 국가의 정교관계의 특징 등이 명확하게 설명되고 있다. 이러한 조건 하에서는 오히려 역사 참여형의 신앙 기조나, 역사의식이 뚜렷한 진보적 기독교 그룹보다는 신앙신념의 극 보수적인 정통주의, 문자적 성서해석이나 근본주의적인 신앙기조를 지닌, 보다 종교적인 그룹의 인사들에 의한 순교적 저항이 뚜렷하게 된다.

그런데 여기에서 주목해야 할 하나의 '현상'을 간과할 수 없다. 일제 말기 한국에서 보수적이며 신앙중심적인 기독교인들이 기독교의 저항주체로서 앞장 선 것은 이미 살핀 바대로이다. 일제는 이들의 저항을 궤멸하고 한국기독교의 전면적인 협력과 전쟁동원을 기도했으나, 전체적으로는 실패하였다. 당시 일본 정부의 우상성이나, '종교국가'로서의 특징인 신앙적 순수성을 지키기 염원하는 주류 교파의 극 보수 그룹, 소 종파 신앙인들을 설득하지 못했던 것이다. 따라서 이들 다수가 신앙적 이유로 일제의 강요에 불응하고 저항했다. 그러나 이들의 저항은 일제의 국가적 동원과 독려에 모든 구성원들이 동참하고 가담하는 상황에서 지극히 반역적인 행위가 아닐 수 없었다. 따라서 이들 한국기독교 저항자들의 동기는 순수한 신앙적 발로였음에도 불구하고, 일제에 의해서는 한국민족주의, 반일의 현상으로 다스려질 수밖에 없는 상황이었다. 동기보다는 현상과 구도가 중요시된 측면이었다. 이는 분명히 아이러니였으나 역사적으로는 철저히 그렇게 현상으로 나타나 있는 사실이었다. 결국 주기철과 그와 동류하는 보수주의 신앙인들은 일제 말기 상황에서 한국기독교회의 민족적 저항을 끝까지 관철시킨 대표적 저항자들로 간주된 것이다.

신앙과 민족을 결합시킨 항일의 한 모형, 김교신

일제 말 한국기독교의 주류도 아니고, 영향력도 지니지 못했던 한 평신도 지도자가 있다. 바로 김교신이다. 그는 일본의 이른바 무교회주의 신앙가인 우치무래[內村鑑三]의 제자인데, 일생 평교사로 일하며『성서조선』이라는 잡지를 간행하여 신앙운동을 일으킨 인물이다. 그는 한국인의 성서적, 신앙적 사명을 강조하였고, 아무리 어두운 현실 속에서도 신앙적 희망을 꺾지 않은 신앙저항자였다. 그는 역사를 소극적으로 보거나 초월하여 보는 몰역사적 안목을 지닌 것도 아니었고, 무조건 현실 속에 뛰어들어 힘으로 독립을 쟁취해야 한다는 과격한 참여론도 지니지는 않았다. 다만 성서에 증언된 진리를 믿고 이를 민족의 원대한 희망에 연결시켜, 평생 지켜온 명제대로 '성서'와 '조선'을 하나로 묶는 '성서민족주의' 사상을 지녔다. 일제 말기에 그는 다음과 같은 칼럼「조와 弔蛙」를 자신이 발행한 잡지『성서조선』(1942. 3.)에 기고하였다.

"봄비 쏟아지던 날 새벽, 이 바위틈의 빙괴도 드디어 풀리는 날이 왔다. 오래간만에 친구 와군들의 안부를 살피고자 담 속을 구부려 찾았더니 오호라, 개구리 시체 두어 마리 담 꼬리에 부유하고 있지 않은가! 짐작컨대 지난 겨울의 비상한 혹한에 작은 담수의 밑바닥까지 얼어서 참사가 생긴 모양이다. 예년에는 얼지 않았던 데까지 얼어붙은 까닭인 듯. 동사한 개구리를 모아 매장하여 주고 보니 담저에 아직 두어 마리 기어 다닌다. 아, 전멸은 면했나 보다!"

이 짧은 글은 잡지『성서조선』이 폐간되고, 김교신과 그의 동지들이 큰 수난을 입었던 필화탄압사건의 단초이며, 한국기독교 수난사의 한 증표이다. 혹한의 겨울 끝에는 봄비 쏟아지는 새봄이 오리라는 희망, 담저의 바닥까지 어는 비상한 혹한에 많은 개구리들이 동사하여 죽어 가는 시대적 비유, 그러나 '그 날'이 오면 살아남은 개구리 두어 마리는 기어다니리라는, 전멸은 면할 것이라는, 확고하고도 철저한 희망을 선포하였던 것이다. 이 메시지에 주목한 일제는 이들 김교신과 그의 동지들을 가장 두려운 한국민족주의자요, 예언자들로 간주하였고, 독립군대와 비밀결사보다도 더욱 두렵게 여겨 엄중히 다루었다. 이들을 취조한 당시 일제 관헌은 다음과 같은 말로 김교신 등을 표현하였다.

"너희들은 우리가 지금까지 잡아 온 놈들 중에 제일 악질들이다. 다른 놈들은 결사니 독립운동이니 파뜩파뜩 뛰다가도 잡아다가 족치면 전향하기 때문에 다루기가 쉬웠는데, 너희 놈들은 종교니 신앙이니 이상이니 하면서 500년 후를 내다보고 앉아 있으니 다루기가 정말 힘들다."

한국기독교의 분열과 성장

8.15는 민족과 더불어 한국기독교에게도 또 다른 과제를 던져 주었다. 민족의 해방을 노래하기 무섭게 곧바로 뒤이은 분단과 전쟁, 혼란의 역사가 그러하였듯이, 역시 한국교회사에서도 8.15가 그대로 한국교회의 신앙자유나 수난의 장을 마감하는 긍정적 전기로만 작용하지는 못했다. 물론 일정한 부분에서 굴욕과 억압으로부터, 탄압과 강제로부터의 자유가 주어지고, 기독교 본연의 정체성을 회복할 수 있는 바탕이 마련된 것은 사실이지만, 민족의 문제와 동류하는 교회의 속성 그대로, 분단·전쟁·분열, 또 다른 수난의 과정을 걸어가야만 했다. 이를 신학적으로 보면, '출애굽'은 하였으나, '광야'는 다시 펼쳐지고, '약속의 땅'은 멀기만 한 노정이었다.

구체적으로는 8.15와 함께 남북교회는 단절되었다. 더구나 한국기독교의 융성지인 북한지역에 사회주의 정권이 수립되면서, 한국기독교의 또 다른 수난은 혹독하게 진행되었다. 뿐만 아니라 일제 말기 한국교회가 걸었던 각자 다른 신앙적 행보, 즉 신앙경건의 스펙트럼에 따라 정통성을 묻는 갈등으로 대 분열의 혼란이 찾아 왔다. 또한 일제의 강압 하에서는 잠복하고 있던 신학적 입장 차이, 즉 신학 완급의 또 다른 진폭에 따라 논쟁하고 갈등하다가 마침내 이를 빌미로 다시 대 분열의 와중에 드는 혼란도 찾아 왔다. 이러한 교회사적 사건들은 대개 민족사 최대의 시련인 한국전쟁 중에 진행되었다. 전쟁과 분열이 민족과 교회를 함께 감싼 것이다.

그러나 이러한 위기는 교회가 민족에 대한 역할을 새롭게 전개할 수 있는 긍정적 기회로도 작용하였고, 어떠한 연유라고 단정하기는 어려워도 한국교회사 이래 가장 경이로운 성장과 부흥을 바로 이와 같은 최대 위기의 시대에 출발하였다. 위기와 기회, 분열과 성장이라는 역설적 명제를 통해 이 시기의 교회와 민족공동체가 다시 새로운 관계를 형성하고 있음을 살필 수 있다.

남북분단과 북한교회

평양은 일찍이 한국의 '예루살렘'이라고 불리어졌다. 8.15 당시, 즉 분단 시기의 단면만을 두고 보더라도 한국기독교의 교세·비중·영향력의 정도를 따질 때 북이 7 남이 3의 비율, 만일 서울이 지닌 모든 면에서의 중심성을 감안하지 않고 단순한 숫자적 구성비로 보면 8대 2까지 그 영향력의 편재를 논하는 학자들도 있다. 물론 이는 교파별로 세밀하게 들어가면 좀 차이가 있겠지만, 전체적으로 기독교의 교세와 영향력에 한해서는 북한 절대 우세의 경향성을 부정할 수는 없는 상황이었다. 특히 서북지방으로 구획되는 평안남북도와 황해도의 경우는 한국교회 전체를 견인하는 에너지를 응축한 기독교 중심 지역이었다. 8.15 이후 한국교회 재건의 움직임도 가장 활발하게 전개되어, 일제 말 강제로 통합된 '조선기독교단'을 인정치 않고, 장로교회의 각 노회, 감리교회의 연회가 재건되는 움직임이 선두에서 활발히 전개되었다. 대표적 서북노회인 평북노회, 평양노회, 평남노회 등이 재건 수순에 들어 간 것이다. 한편, 기존의 교회조직 뿐만 아니라 일제 말기 신사참배나 '일본화'에 반대하여 투옥되었던 인물들도 공교롭게 모두 평양감옥에 몰려 있었다. 물론 이들 중에는 서북·관서 출신의 신앙인들 이외에도, 또한 가장 많은 저항자를 배출한 부산·경남 지역 출신의 강직한 신앙인들도 다수 포함되었었는데, 공교롭게도 이들이 최후로 출옥한 곳은 평양감옥이었다. 이들은 출옥 후 이미 옥중에서 순교한 주기철 목사가 시무하던 평양 산정현 교회에 모여 40일을 기도하며, 한국교회의 재건방향을 논의했다. 이렇듯 평양은 이미 그 규모에서 보나, 시기에서 보나 8.15 이후 한국교회 재건의 중심지로 역할을 다하고 있었다.

한편 이 지역의 기독교지도자들이 활동하는 영역은 단순히 교회의 재건이나 교회 내 활동에만 국한되지 않았다. 이들 나름대로 선구적 리더십을 지닌 기독교지도자들은 해방공간에서 기독교적 이상과 서구적 민주주의를 접목한 사회정치운동에도 헌신했다. 이미 널리 알려진 대로 1945년 평북 신의주를 중심으로 한경직, 윤하영 목사가 중심이 된 '한국기독교사회당'이 조직되었다. 또한 조만식 장로를 중심으로 한 '조선민주당'은 훗날 북한의 공산정권 수립과정에서 가장 큰 정치 견제세력이 되었던 바 있다. 그리고 김화식 목사, 김병섭 장로 등이 참여한 '기독교자유당'은 평양의 기독교 정치세력으로 해방공간 초기를 주도했다. 그러나 이러한 북한 기독교인들의 교회 내외의 움직임은 남북분단의 고착과 정치적 상황의 급속한 반전으로 빛을 잃고 또 다른 기독교 수난의 진로를 형성했다.

　38도선을 경계로 한 분단 상황은, 처음에는 극히 일시적 상황으로 여겨졌으나, 이것이 동서 냉전과 독립과정의 한반도에서 진행되던 좌우사상의 극한 갈등으로 고착 내지는 첨예화되자 북한 지역 기독교계에도 큰 혼란이 야기되었다. 우선 현실적으로 북한에서의 기득권과 소련군 진주에 따른 편의를 확보한 공산계열이 북한의 실질적 정권을 장악, 행사하는 과정에서 미국이나 서구사회와의 연결채널로 인식되던 기독교는 탄압과 경계의 대상이 되었다. 기독교인 개인들도 종교 내 활동 이외에 북한 사회에서 정치·사회적 활동을 벌일 때 앞서 본 바대로 우편향의 활동을 대변하기에 이른다. 결국 탄압은 진행되고, 북한 지역 기독교인의 진로는 남한으로의 탈출이나, 북한에 남아 수난에 직면하는 구도로 압축될 수밖에 없었다. 물론 일부는 북한 공산정권의 기독교정책에 순응하여 정권지원형의 기독교기구, 곧 '기독교도연맹'을 결성하여 적극적으로 현실에 참여하기도 했다.

우선 주목되는 기구는 북한의 주력교파인 장로교회에서 형성한 '이북오도연합노회'이다. 이는 남북분단이 강고해지고 남한지역의 재건 장로교회와 연결이 어려운 상황에서 장로회총회를 일시적으로나마 대신할 기구를 형성하지 않을 수 없다는 절박함에서 임시로 조직된 기구이다. 김진수 목사 등이 중심이 되었는데, 결과적으로 북한 공산정권 수립과정에서 가장 대표적 견제기구로서 갈등을 빚고, 또한 탄압을 받은 수난 주체였다. 특히 이들은 이른바 어용기구라고 할 수 있는, '기독교도연맹'과 직접 대립했는데, 1946년 11월 북한정권의 주일선거를 반대하여 많은 소속 목사들이 검속되고 곤욕을 치렀다. 특히 이들이 중심이 되어 평양과 선천 등에서 개최된 1946년의 3.1절 기념행사는 북한기독교 탄압의 대표적 사례로 기록되고 있다. 이들은 어디까지나 남북분단이 해소되면 남한의 장로교회와 연대, 통일하여 하나의 장로교 총회를 복원한다는 한시성을 성명한 임시기구였다. 이와 반대로 앞서 언급한 '기독교도연맹'은 김일성의 외숙인 강량욱 목사가 중심이 된 좌경의 기독교 기구였다. 이들의 가장 큰 목표는 북한에 수립되는 공산정권에 대한 지지와 기독교계의 정권협력을 도출하는 것이었다. 물론 이들 '기독교도연맹'은 남한지역에서도 그 조직을 시도했고, 특히 한국전쟁기에는 그 기반을 더욱 넓혔다. 또, 이 기구는 현재의 북한 기독교 공식 조직의 전신이기도 하다. '기독교도연맹'은 북한 정권의 이른바 '주일선거'를 지지했고, 이에 반대하는 '이북오도연합노회'와 대결하였다. 조직의 공신력을 확보하기 위해 당시 한국기독교 원로인 김익두, 김응순 목사 등을 연맹 위원장과 부위원장으로 영입하기도 했다.

요컨대 남북분단 이후의 북한 교회는 적극적 교회재건, 사회정치운동을 전개했으나 곧 좌절하였고, 다수 지도자와 신도들이 월남을 택했다. 그리고 장로교 중심지역으로서 '이북오도연합노회'의 조직, 초교파의 '기독교도연맹'이 조직되어 위축과 혼란, 대립의 양상을 보였다.

남북분단과 남한교회

비록 분단은 되었지만, 8.15 이후 신앙과 선교의 자유를 만끽하게 된 지역은 역시 남한이었다. 일제의 강력한 기독교 탄압 상황이 해소되었고, 미군의 진주와 미군정수립 후 기독교는 오히려 남한사회에서 하나의 우대세력이 되었고, 개인적으로도 기독교인이라는 사실은 사회 진출과 활동에 긍정적 조건으로 작용하였다. 더구나 해방공간에서 조직적 활동의 경험을 지닌 기독교인들의 리더십은 사회 각 분야에서 중요한 효용성으로 각광받았다. 뿐만 아니라 일제가 점유하거나 강제했던 각 기독교 기관, 학교나 병원, 교회의 복귀가 이루어지고, 심지어 일본의 신사나 천리교, 일본적 종교나 정신적 탄압기구가 강점했던 장소들도 개신교회를 중심으로 불하되어 교회를 설립하는 사례가 다수 발생했다. 8.15 이후 설립되어 대표적 개신교회가 된 영락교회, 경동교회, 성남교회 등이 모두 그와 같은 예이다.

그런데 교회 내측을 보면, 혼란과 소용돌이의 측면도 없지 않다. 우선 8.15 이후 한국교회가 가장 먼저 해결하고 넘어가야 할 문제는 '일본화'의 정점에서 해방 직전 조직된 교파 통합의 '조선기독교단'을 어떻게 처리하느냐 하는 것이었다. '조선기독교단'은 일본 통치자들의 강제와 권장에 따라 일본에서 이행되었던 것과 같은 교파주의 극복의 통합교단이다. 원래 한국교회가 실제로 염원했던 단일교회의 이상이 실현된 것이라고 볼 수 있는데, 그 통합과정에서 게재된 변질·굴절·왜곡의 문제는 이 조직의 존속 문제를 비관적으로 받아들일 수밖에 없는 요소였다.

1945년 9월부터 일단 '조선기독교단'은 서울 새문안교회당에서 '남부대회'라는 이름으로 교단대회를 수차례 개최하였다. 이는 교파 구별없는 '교단'의 존속 가능성 타진, 한국교회의 재건문제에 대한 의견수렴 등이 목적이었으나, 원만한 회의진행을 기대하는 것 자체는 사실 무리였다. 일제 말기 일제 정책에 적극 가담하였던 인사들과 이에 소극적이던 인사들 간에 충돌이 빚어졌고, '교단'의 중심에 섰던 인사들을 비난하는 목소리가 높아지면서, '남부대회' 성립 실패, '교단'의 해산, 각 '교파'로의 환원으로 가닥이 잡혔다.

이에 장로교회는 분단으로 인해 북한교회와의 원활한 소통이 불가능한 점을 감안, 역시 임시 중앙기구인 '남부총회'를 소집하고 한시적 교회행정을 처리하고, 가능한 시기에 북한교회와 제휴·통합할 통로를 열어 둔 채 교회재건을 진행시켰다. 이 역시 앞서 살핀 북한의 '이북오도연합노회'와 마찬가지로 임시성격의 총회기구임을 천명하였고, 남북교회가 분단을 넘어 하나의 교회조직으로 거듭나기를 촉구하는 의의를 담았다. 한편 감리교회도 자파환원의 원칙에 따라 재건을 시도했으나, 일찍부터 일제하 협력의 정도와 재건과정의 시각차로 인해 이른바 '재건파(일제말 저항했던 감리교 지도자를 중심으로 통합교단을 거부하고 감리교단을 재건코자 했던 그룹)' '복흥파(일제말 형성된 통합교단을 유지하려다가 실패하자, 그 기득권을 그대로 유지하여 감리교단을 다시 설립하고자 한 그룹)'라는 이름으로 두 개의 연회가 별도로 창설되는 혼미한 양상을 보였다. 그밖에도 성결교회, 구세군, 성공회, 안식교 등 일제 말기 통합되었거나 해산되었던 많은 교회들이 남한지역을 기반으로 재건의 수순을 밟았다.

교회의 극심한 분열

평양 산정현교회에 모인 이른바 '출옥성도'들은 나름대로 한국교회의 재건원칙에 대해 고민하고, 일정한 원칙을 발표한 바 있다. 이들의 입장은 신사참배나 일본화로의 변질을 겪은 한국교회를 쇄신하는 일은 옥중에서 수난을 입은 자신들의 주도로 정화되어야 하며, 그 과정이 올바른 재건과정임을 자임하였다. 그러나 이들의 주장은 현실적으로 남북한의 모든 교회 주도권을 행사하고 있던 기성 교회지도자들에게 그대로 용인되고 받아들여지기에는 어려운 일이었다. 이들의 교회재건 원칙이 발표된 이후인 1945년 11월 평북 선천 월곡동 교회에서 개최된 평북지역 교역자 수양회에서 옥중에서 수난을 입은 자, 개인적 신앙 정절을 지키기 위해 국외로 피신했거나 은둔한 자, 교회에 남아 일제의 굴욕적 핍박을 받아가며 실제로 교회를 지킨 자들 사이에 공과를 다시 묻는 문제제기가 있었고, 이는 한국교회 전체의 큰 반향과 갈등을 불러왔다. 결국 '출옥성도'들의 일방적인 교회재건원칙은 현실 속에서 이행되지 못했고, 그들 안에서도 여러 갈래의 의견차를 보이는 바람에 여러 경우로 진로가 흩어졌다. 대체로 기존교회로 특별한 조건 없이 합류하는 그룹, 기존교회와 완전 절연하여 새로운 재건교회를 설립하고자 하는 그룹, 기존교회에 참여하면서 일정한 개혁을 수행하고자 하는 그룹 등으로 나뉘어졌다. 그 중 맨 마지막 그룹에 해당하는 부산·경남 출신의 일부 '출옥성도'들이 출신지로 돌아와 경남노회를 개혁하고자 하였고, 별도로 고려신학교의 설립을 추진하였다. 이들의 중심에는 한상동, 주남선, 손양원 등이 있었다. 그런데 이들 경남노회 안에서 시작된 갈등과 불화의 불씨가 한국 장로교 전체 총회 안으로 비화되어 나갔다. 이는 곧 큰 틀에서 보면, 신앙경건의 전력을 근거로 교회의 영도권을 주장하는 법통 싸움으로 한국 장로교회 제1차 대분열의 서막이 되었다. 이것이 유명한 '고신파 분열'이다. 이 분열은 해방공간 내내, 교회 재건기를 두고 줄곧 진행되었다.

한편 이미 1930년대 중반 곧 1934년부터 서구의 새로운 신학사조를 습득하고 귀국한 이른바 '신신학파'와 교권을 장악한 보수계 선교사들과 연계된 보수근본주의 신학 그룹간의 갈등이 있어왔다. 그러나 당시 상대적으로 보수 그룹이 다수였고, 교회의 정치적 주도권을 쥐고 있었기 때문에 문제가 있을 때마다 정통 보수 그룹이 갈등을 제압하는 형태의 상황이 전개되었다. 또한 이는 일제 말기의 험난한 교회 상황 하에서는 잘 드러나지도 않았다. 그러나 8.15 이후 진보적 신학자들을 중심으로 일제 말기에 설립된 '조선신학교'가 남한 유일의 장로교 신학 교육기관으로 부상하면서 문제가 표면화되었다. 특히 북한지역에서 보수적 신앙훈련을 받고 월남한 젊은 신앙인들이 조선신학교에서 신학교육을 받으면서 갈등은 증폭되기 시작했다. 김재준, 송창근 등으로 대표되는 진보신학자들의 신학이론에 대한 문제제기가 집단으로 발생하고, 마침내 조선신학교 학생 51명이 연명으로 장로교 총회에 김재준 신학의 문제를 제기하는 제소사건이 터졌다. 이는 다른 여러 가지 총회 내의 갈등요소와 접합되면서 이른바 한국 장로교회 제2차

분열, 곧 '기장파 분열'을 불러왔다. 이는 신학적 입장차와 그 완급의 문제가 교회 정치적으로 비화하여 야기된 분열로 이 시기 한국교회가 겪어 나가야 할 하나의 과제가 아닐 수 없었다. 결국 한국전쟁기에 분열이 완결되어 장로교회가 다시 크게 둘로 갈라졌는데, 공교롭게도 민족 최대의 시련기인 한국전쟁 시기에 한국 장로교회 등은 큰 분열을 맞이하는 역사적 회한을 안게 되었다.

이상에서 살핀 장로교회의 대분열뿐만 아니라, 이미 언급한 대로 감리교회도 신앙적 경건이나 출신지에 따른 구별, 신학교와 총리원의 주도권이나 재산상의 의견 불일치 등으로 이른바 '재건파' '복흥파'로 나뉘어 반목하였다. 이들은 별도의 감독을 선임하고 여러 개교회의 교역자 파송도 별도로 이루어지는 등 혼란스런 모습을 보였다. 그 후 한국 감리교회 평신도 지도자들의 강력한 통합 촉구운동에 힘입어 분열의 정점에서 재통합하는 진기록을 창출하여 좋은 선례를 남겼으나, 한국전쟁기에는 감독선출과 미국교회의 실질적 지원구조에 따른 복잡한 문제가 제기되어 다시 큰 분열을 경험하는 역사를 보였다. 그밖에 성결교회 침례교회 등도 신학·신앙경건·인맥·지방색·일정한 리더십의 작용 등을 이유로 한국교회 초기 분열사의 자취를 보이고 있다.

교회분열의 경과와 현재

이미 한국교회 분열기의 대체적 분열 상황은 살펴보았다.

그러나 역사적 사건으로서의 분열뿐만 아니라 현재에도 지속적인 양상을 보이고 있는 한국교회의 특징에 더욱 세밀히 유의해 보는 일도 한국교회를 이해하는 중요한 요소라고 여겨진다. 특히 분열과는 전적으로 반대되는 경향인 '에큐메니즘'의 지속적인 동력도 함께 논의함으로써 현재교회의 현상과 과제에 더욱 가깝게 접근할 수 있을 것이다.

한국교회에는 '대한예수장로회 총회'라는 교단 명칭에 괄호를 치고, '통합' '합동' '고신' '개혁' '호헌' 등등의 별칭을 붙여 사용하는 장로교단 수가 얼핏 추산되는 것만 해도 160개, 혹은 200개에 가깝다는 통계도 있다. 뿐만 아니라 장로교, 감리교와 같은 주요교파는 물론 이제 한국교회의 한 주축이 된 오순절 계통인 순복음 하나님의 성회, 성결교, 침례교 등등의 다수 교파가 두세 개 혹은 수십 개에 이르기까지 분열된 상태의 교단을 형성하고 있다. 이들 분열되어 있는 교파의 이름도, 예를 들면, '예수교장로회(예장)'가 있으면 어김없이 '기독교장로회(기장)'가 있고, '기독교감리회(기감)'가 있으면 '예수교감리회(예감)'도 있다. 그밖에도 '기독교성결교회(기성)'와 '예수교성결교회(예성)', '기독교 하나님의 성회(기하성)'와 '예수교 하나님의 성회(예하성)'가 있다. 이를 두고 국내외 일부 신학자들은 한국교회에서는 '예수'와 '그리스도(기독)'가 다 나뉘어져 있다고 지적하며 안타까워 한다. 최근에 이르러서는 단지 교단뿐만 아니라 교회의 연합기구들, 즉 전통적인 진보적 연합기구인 '한국기독교교회협의회(KNCC)'와 보수교단이 주축이 된 '한국기독교총연합회(한기총)' 역시 별도의 목소리를 내고 있다. 이러한 이유로 현재 한국교회는 교회 내적인 문제뿐만 아니라 대사회적인 문제를 다룰 때에도 전적으로 반대되는 입장표명을 하기도 하고, 정반대 경향의 행동을 취하기도 한다. 최근의 '북핵문제'나 '대미관'의 표출에서도 그러한 경향이 첨예하게 표출된 바 있다. 그렇다면 한국기독교의 이와 같은 분열 상황은 어떤 배경을 지니고 있는 것이며, 과연 이 문제를 극복하고자 하는 신학적·실천적 노력은 없는 것일까.

이미 앞서 살핀 바 있지만, 한국기독교의 선교는 여러 선교교파에 의해 수행되었고, 이들은 초기에 지역분할을 하여 선교 경계를 형성한 바 있다. 그런데 이들 각 선교교파는 신학적 경향·신앙형태에 일정부분 차이가 있어 이들 각 교파가 맡은 지역에서 각각 배출된 한국인 신앙인이나 지도자들의 성향이 차이를 보인다. 이는 지속적으로 한국교회의 신학적 스펙트럼의 폭이나 신앙특성의 차이를 형성하는 바탕이 되었다. 구체적 예를 들면, 전체적으로 볼 때 한국에 진출한 프로테스탄트 교파 중에 가장 보수적 신앙경향을 보인 오스트레일리아 장로회 선교관할 지역 출신들이 일제 말기 신사참배 반대운동 그룹의 중심과 주축이 되었고, 이들이 대부분 해방 후 '출옥성도'가 되어 신앙에 있어 경건중심, 신학에 있어 보수적인 재건운동을 일으켰다. 이들이 중심이 되어 나뉘어진 교파가 전통적으로 한국장로교회의 가장 보수적인 그룹으로 인정되는 부산·경남 중심의 '고신파' 장로교단이다. 뿐만 아니라 함경남

북도와 간도지역에서 선교한 캐나다 장로교회는 1925년 본국 교회가 개신교 연합교회로 변화하면서 캐나다연합교회가 되고 신학적으로도 더욱 진보적으로 바뀌었다. 이 교파가 한국 선교교파 중에는 가장 진보적이라고 할 수 있는데, 이들 지역에서 배출된 김재준, 송창근과 같은 지도자들이 한국 진보장로교회의 대표격인 '기독교장로회', 곧 '기장파'의 중심세력이 된 것이다. 이렇게 보면, 선교 초기에 편의성을 위해 구획된 선교구역 분할이 한국교회 분열의 중요한 배경이 되었다는 사실은 부인할 수 없는 일이다.

그러나 한국교회의 분열 양상이 그와 같은 지역적 경향성 때문만은 아니었다. 일제의 격심한 탄압 하에서 한국교회의 각 공동체들이 어떤 대응 태도를 보였는가가 또 다른 관건이 되었다. 또한 보수적 경향의 선교사와 그들이 중심이 된 교회 정치의 중심 세력에 의해 지배되던 신학적 표준에 대해, 새로운 세계 신학의 흐름을 호흡한 신진 신학자들이 도전하면서 다시금 분열요소를 창출하였다. 뿐만 아니라 해방 이후의 민족분단과 이데올로기의 첨예한 갈등은 이른바 '용공시비'로 축약되는 좌우이데올로기의 개입으로 다시 불거져 나왔다. 특히 이 이데올로기의 문제는 국내적으로는 한국전쟁을 거치고, 외부적으로는 세계교회의 연합운동, 곧 에큐메니즘이 구체화되면서 더욱 큰 관건으로 등장하였다.

이미 언급한 바대로, 일제 말기의 신사참배 여부와 교회 재건과정에서의 주도권 문제를 중심으로 분열했던 각 교파, 특히 장로교회의 '고신파'는 현재도 가장 보수적 경향의 신앙, 신학적 기조를 유지하고 있다. 물론 변화되는 선교 상황 속에서 초기와는 다른 측면도 지니고 있으나 한국교회의 역사적 회개와 일제에 굴하지 않았던 세력에 의한 한국교회의 갱신이 중요한 목표이다.

또한 신학의 문제로 나뉘어져 진보적 그룹을 형성했던 교파들, 특히 장로교회의 '기장파'는 이후 한국교회의 역사참여, '민중신학'으로 대표되는 사회구원과 에큐메니칼 운동의 선두에 서서 활동해 왔다. 이들 공동체의 목표는 기독교의 예언성을 회복하는 일이었고, 특히 정의와 인권과 민주화가 잘 이행되는 사회적 선교신학을 견지하는 입장을 유지하였다.

이상의 전통적인 분열 교파나 이들의 신학적 명분은 비교적 명확한 양상이라고 할 수 있다. 그러나 사실상 가장 복잡하고 많은 변수가 작용하여 온 분열은 이데올로기 문제가 개입된 이후의 분열상이다. 우선 가장 대표적인 분열이 장로교의 이른바 '통합'과 '합동'의 분열이었다. 1959년 한국장로교회의 에큐메니칼 운동 참여여부를 중심으로 한 대립이 그 개요이다. 세계교회협의회(WCC)는 1948년에 정식 창립되어 세계교회의 일치와 화해운동을 전개하는 협의기구이다. 따라서 이 기구에는 이른바 공산국가의 교회들도 회원교회로 참여하고 있었다. 그러나 한국전쟁 이후의 한국교회 분위기는 극도의 반공입장을 견지했고, 간접적이나마 공산국가의 교회와 연결되어 있는 WCC운동에 대한 반감도 일각에서 대두되었다. 물론 다른 여러 가지 이유와 요소도 관여되었지만, 이런 분위기 속에서 WCC의 에큐메니칼운동에 가담하느냐의 여부를 두고 의견이 심각하게 대립되었고, 마침내 한국장로교회 역사상 최대 분열인 통합-합동 분열의 연원이 된 것이다. 그런데 이와 같은 문제는 비단 장로교 내부에서만이 아니라 감리교, 성결교, 침례교 등 각 교파마다 극우 반공의 태도를 천명하며 이른바 '에반젤리칼 운동(복음주의 계)'을 지지하는 편과 신학·신앙양태·이데올로기적 구별을 뛰어 넘어 화해와 일치의 문제에 우선을 두어야 한다는 '에큐메니칼 운동'을 지지하는 편으로 나뉘어 대립되는 양상을 보였다. 이 문제는 단순히 교회 내의 신학이나 신앙적 성향을 중심으로 대결하던 상황하고는 비교할 수 없을 만큼 복잡하게 전개되었다. 정치적 정황이 끼어들고 국제적인 역학·질서의 문제도 간여되면서 분열·재분열·다중분열의 양상으로까지 전개되었다. 일정 부분에서 이러한 상황은 아직도 계속되고 있으며, 현대에 이르러 경제적 소외나, 사회 환경의 다변화에 따라 더욱 다양한 모습으로 나타나고 있다.

그러나 한국교회사에서, 또한 이 시기 세계교회의 흐름에서 '분열'과 '갈등'의 동력만 작용한 것은 아니다. 이미 여러 군데 언급되었지만, 에큐메니즘의 강력한 대두는 한국교회 현대사 이해에 중요한 출발점이 되어야 한다. 근대적 의미의 에큐메니즘 신학은 선교지에서 먼저 대두되었다. 선교국의 다교파 교회들이 각각의 교파적 차이를 들고 선교대상지에 나아갔을 때 그 교파적 차이가 가져다주는 의의는 미미할 수밖에 없었다. 오히려 기독교 복음의 공통적 핵심을 전하고 통합적 토착교회를 형성하는 것이 효율적이며 정의롭다는 인식을 지니게 된 것이다. 더구나 '교파의 형성'을 역사적으로 분석할 때, 그것이 꼭 신학적·교리적 산물이기보다 오히려 문화적 산물이라고 해석하는 입장에서는, 문화의 소산이요 '옷'에 지나지 않는 교파의 의미는 더욱 약화된다. 한국에서도 이미 선교초기에 '단일교회 설립'의 이상이 추진되었던 것을 기억한다. 이들 선교지의 요청은 서구교회에 대해 중요한 신학적 명제와 운동 과제를 제공하였고, 이것이 구체화되기 시작한 것이 에큐메니즘이며, 실천적으로 에큐메니칼 운동이다. 소극적으로는 교파의 차별을 넘어서 화해와 일치의 신학으로 협력적 선교의 장을 이루는 것이며, 적극적으로는 다른 문화, 다른 이데올로기, 심지어 다른 종교의 핵심에 이르기까지 서로를 인정하며, 공통적 가치에 함께하는 태도를 취하는 일이다. 이런 의미에서 현대 세계교회사의 에큐메니즘은 2천년 교회사의 분열과 갈등을 극복하는 에너지로, 문화와 전통, 다양한 종교의 실체가 존재하는 세계를 향한 새로운 선교시대에 대응하는 힘이 됨이 분명하다.

이러한 에큐메니즘과 에큐메니칼 운동이 한국에서는 또 다른 갈등과 분열의 쟁점으로 등장했었음을 아쉽게 여긴다. 여기에는 이데올로기의 문제, 특수한 한국적 정황과 신학적 경향의 문제가 포함되어 일어난 일이지만, 한국교회의 분열사를 이해하는 중요한 관점의 하나가 아닐 수 없다. 따라서 한국교회 분열 상황에 대한 해결의 실마리도 역시 에큐메니즘에서 찾아야 할 것으로 전망된다. 특히 긍정적인 것은 현재 한국교회에서 신학적으로 진보와 보수를 불문하고, 특히 기독교의 민족적 사명, 사회적 책임의 수행에 있어서는 에큐메니즘의 시각에 서서 과제를 수행해야 한다는 움직임이 대두되고 있다는 것이다. 신앙과 직제의 문제, 신학적 내용의 문제보다는 선교적 과제에서 공동으로 대처하는 교회의 입장이 있어야 한다는 과제가 그것인데 이를 위해 새로운 연합기구의 창출을 위한 협력 제안까지 대두되고 있는 것은 고무적인 일로 여겨진다.

한국전쟁과 기독교

분단에 이른 '한국전쟁'은 그야말로 한국 민족사 최대의 수난이며 위기였다. 그 여파는 오늘날까지 지속되고 있고, 일부 한국문제에 정통한 학자들과 한국전쟁의 충격을 연구한 학자들은, 한국전쟁의 충격 강도로 보아 한국인들이 현재의 성장 모습과 공동체적 삶의 기본적 품위를 유지하고 사는 것만 해도 기적이라고 표현하기도 한다.

한국전쟁이 일어나자 한국교회는 '전시대책비상기구'를 만들고 민족위기에 기여할 방도를 찾으려고 노력하였다. 첫째, 미국교회와 국제기독교기구, 유엔 등에 한국문제에 관심을 가져 줄 것과 구체적인 협력과 도움의 방도를 강구해 줄 것을 요구하는 외교적 노력을 하였다. 둘째, 이와 더불어 국제 기독교사회가 한국민에 대한 구제와 원조기금, 물자를 수집·제공할 수 있는 자극과 루트를 형성하였다. 셋째, 대내적으로는 기독청년들을 중심으로 '십자군'을 조직, 직접 전선에 투입되어 공산주의와 맞싸울 것을 준비하였고, 직접적이지는 않더라도 여러 가지 '선무활동' '정훈활동' 등을 통하여 남한에 대한 전쟁지원 활동을 전개하였다. 그러나 이러한 측면과는 반대로, 한국전쟁기의 한국교회는 기록상으로 최대의 수난과 학살을 당하기도 하였다. 전쟁이 시작된 북한지역에서, 그리고 북한 공산군이 점령한 남한 각 지역에서 여러 가지 이유로 기독교인들이 집단적으로 학살당하였으며, 교회당은 파괴되고 또한 피난을 가지 못한 많은 기독교 지도자들이 납북되었다. 이러한 상황에서, 한국기독교는 철저한 '반공이데올로기'를 형성한 교회로 이행되었고, 민족공동체에 대해 화해와 중재의 장을 마련해주지 못하고, 대립과 갈등을 주도하는 '이데올로기적 기독교'로 재편되는 과정에 서게 되었다. 더구나 이미 앞서 언급했듯이 이 시기 교회 내적으로는 심각한 분열기를 맞아, 신앙의 경건, 신학의 완급을 이유로 초유의 분열을 겪고 있었고, 또한 이러한 이데올로기적 성향이 근본 바탕이 되어 교회 안에서의 이른바 '용공시비'도 지속되었다. 다시 말하면, 세계교회의 에큐메니칼 운동노선에 대해, 정치체제와 이데올로기적 알레르기가 극심하던 당시 한국교회는 경계와 의혹을 지니지 않을 수 없었고, 마침내 여러 가지 다른 이유와 복합되어,

에큐메니즘의 문제, 곧 세계교회협의회(WCC)와의 제휴여부를 두고 또 다른 대분열의 과정에 돌입한 것이다. 그 대표적 사례가 1959년 한국장로교의 통합–합동 분열의 역사이다.

이렇듯 한국전쟁기의 한국교회는 민족을 향한 구제와 봉사, 민족을 위기로부터 구하고자 하는 구체적 프로그램에 그 어느 때보다 헌신적으로 참여한 역사를 지녔음에 분명하다. 그러나 한편으로는 남북대립의 첨예한 갈등의 극단에서 스스로 기록적인 수난을 경험하는 과정을 겪었다. 이에 화해와 일치보다는, 혹은 종래와 같은 민족중심의 신앙실천보다는, 이데올로기 대립의 첨단에서 민족과 교회의 분열에 앞장서는 부정적 역할을 수행했다는 아쉬움도 남겼다.

위기를 기회로

8.15 이후 한국에서 철수하였던 각 파 선교사들이 새로운 선교방법과 패러다임을 지니고 속속 임지에 복귀하였다. 특히 남한 지역에서는 미군정의 실시로 기독교 사업의 큰 수월성을 확보한 선교사와 한국기독교 지도자들의 활동이 활력을 띠었다. 한국전쟁 발발로 이들의 활동이 일시 위축되기도 했으나, 오히려 전쟁의 위기상황은 기독교 활동의 새로운 호기로 작용하기도 했다. 사회구제와 교육, 전쟁지원 활동 모두가 새로운 선교 프로그램으로 정착되고, 미국을 비롯한 세계 기독교회도 전쟁 중의 한국교회와 한국 상황에 대해 더욱 큰 관심을 갖고

적극적인 지원을 하기에 이르렀다. 확실히 위기였으나 한국은 다시 선교와 교세확산의 기회를 맞고 있었다.

한국전쟁 시기 빌리 그레이엄, 피얼스, 스완슨 등의 세계적 기독교 부흥운동가들이 속속 내한하였다. 이들은 전선에서 목숨을 걸고 싸우고 있는 미군들을 위로하는 신앙집회를 인도하는 것은 물론 전쟁의 참화 속에서 고통받고 있는 한국인들을 위한 집회도 열었다. 생존의 위협, 가치관의 혼란, 미래에 대한 불투명의 '아노미' 속에 놓여 있던 다수 한국인들은 이들 세계적 설교가들의 집회에 구름처럼 모여들었다. 이러한 분위기는 전국의 각 교회에 많은 새 신자들을 불러 모으는 계기로도 작용하였고, 이에 힘입은 한국인 목사, 전도자들 그리고 한국 주재 선교사들도 제2의 한국선교 중흥기를 맞아 총력을 기울여 전도하였다. 이 시기 한국교회가 경험한 역동적인 교세 성장과 부흥은 초기 한국교회가 민족적 수난과 함께 경험했던 대 부흥사건을 방불케 하는 일이었다.

한편 이 시기의 한국 크리스천의 증가와 성장에는 대규모로 월남하는 북한지역 기독교인들의 가세도 큰 몫을 하였다. 한국전쟁이 터지고 국군과 유엔군이 북진하였다가 중국군의 개입으로 다시 후퇴할 때, 즉 1.4후퇴 당시 국군과 유엔군을 따라 남하한 북한지역 주민들의 수는 수백만 명에 이르렀고, 거기에 다수의 기독교인들이 포함되었다. 이들은 당시 남한지역기독교계에 지속적으로 큰 영향력을 행사하고 교회 진로의 변수로 작용했다. 뿐만 아니라 교세의 성장과 부흥에도 큰 자극세력이 되어 한국교회의 폭발적 발전에 자극요소가 되었다. 정확한 통계는 아니지만, 사실 전 국민에 대한 기독교인의 비율이 5%를 넘지 못하는 수준은 아주 오랫동안 지속되었었다. 이는 초기의 부흥기를 거쳐 일제하, 그리고 해방공간을 거치면서도 계속되었고, 한 자리수 퍼센티지를 넘기는 것은 어려운 일로 보였다. 그러나 한국전쟁 시기를 시작으로 이른바 1965년 전국을 휩쓴 '복음화운동'에 이르는 기간에 역사적인 10%대의 크리스천 비율을 형성한 것이다. 이는 양적 성장의 관점으로만 본다면 한국교회사의 획기적인 전환점이라고 할 수 있다. 이는 역사적 위기가 가져오는 전혀 상반된 결과를 살필 수 있는 예시의 하나라고 할 수 있다.

한편 한국전쟁에 참여한 미군을 비롯하여 서구 여러 나라의 참전 군대들은 한국에 다양한 교파를 소개하는 통로가 되었고, 이들이 전쟁의 와중에서 한국선교의 교두보를 확보하는 계기를 만들기도 하였다. 이 기간 동안 특히 미국의 교파교회 형태의 여러 교단들이 군목, 혹은 종군 형태의 선교사를 파송하여 한국에 선교를 시작하거나 재흥시킨 경우가 많다. '침례교회' '오순절교회' '그리스도의 교회' 등의 재흥이 있었던 것 이외에도 '루터교회' '나사렛교회' '하나님의 교회' 등은 아예 이 시기를 기점으로 한국선교를 착수한 경우이다. 또한 프로테스탄트 교회는 아니지만, 한때 구한말 '러시아 정교회'로 한국선교를 시작한 바 있던 '정교회'는 그리스 군대의 참전과 함께 '그리스 정교회'로 다시 한국에 선교활동을 착수하였다. 이렇듯 교파단위의 한국선교가 다양하고 활발해진 것 이외에도 사회사업·자선활동·의료·교육·기독교사회단체·방송·문화·문서 등 여러 형태의 특수 선교 프로그램을 통해서도 한국의 기독교 사업은 역동성을 더하여 갔다. 무엇보다 기독교와 해외의 기독교 자선기관들이 한국전쟁 와중의 한국인들에게 다가와 선교와 구제에 적극적이었던 사실은 길이 기록될 역사임에 분명하다.

현세 중심의 '기복신앙'

　기독교 신앙 입문의 동기가 현세적 이익, 눈앞의 유리함에 있을 때 이러한 신앙인을 '라이스 크리스천(rice Christian)'이라고 부른다. 대개 첫 선교지에서 초심자들 중에 그런 형태가 많고, 한국 초대 교회 개종동기를 분석할 때도 더러 쓰이는 말이다. 이들은 대개 '교회' 혹은 '기독교 신앙'이 과연 지금 우리에게 무엇을 줄 수 있는지에 관심을 두는 신앙형태로 결코 성숙된 기독교 신앙이라고 볼 수 없다. 그런데 바로 한국전쟁 이후 광범위하게 확산된 한국교회의 신앙양태 속에서 이러한 특징을 다수 발견할 수 있다. 이를 좀더 신학적으로 발전시켜 말하면, '축복중심의 신앙'으로까지 연결될 수 있을 것이다. 이른바 '기복신앙'이라고도 이르는 '현세중심'의 신앙이 강화된 것이 이 시기인데, 분석해 보자면 생명과 재산에 대한 위협이 컸던, 그리고 갑작스러운 사회변동으로 불안과 소외를 심하게 경험했던 이들에게 심화되었던 신앙양태라고 할 수 있다. 이는 기독교의 균형적인 신앙형태로는 볼 수 없다. 첫 단계로 교회에 나가 기독교인으로 멤버십을 가지면, 구제와 배급, 원조의 시혜에서 유리해질 수 있는 가능성에 관심을 갖게 되고, 이어 기도와 은혜의 산물이 물질적 축복이나 난관의 타개, 신유와 치병에 중점을 두는 신앙으로 이행되는 것이다. 여기에는 기독교의 '십자가적 헌신' '희생' '역사에의 예언' 같은 항목이 간과되기 십상이다.

이러한 전체적 분위기 속에서 또 다른 부작용이 나타나는데, 오도된 신앙, 일정한 개인에 의지한 카리스마 등으로 생겨난 사이비 이단 종파들의 출현이었다. 이는 사회가 불안하고, 현실에 대한 불만이 크며, 미래에 대한 불확실성이 팽배한 상황에서 나타나는 종교사회적 현상이었다. 한국전쟁을 거치고 1960~1970년대에 들어서면서, 박태선의 전도관, 문선명의 통일교 등이 이 시기에 나타난 가장 대표적인 기독교계 신흥종파인데, 그밖에도 다 헤아릴 수 없는 비정통 기독교 종파들이 우후죽순처럼 생겨났다. 이들의 주된 공통점은, '임박한 종말'에 대한 선언이나, '교주'를 '재림주'나 '메시아'로 호도하는 묵시론적 성향이 강하다는 것이다. 이는 혼란의 시기를 살아가는 많은 민중 크리스천과 그 밖의 많은 이들에게 큰 반향을 일으켰다. 이는 이 시기 한국기독교사의 한 특징이며, 기성교회로서도 큰 책임을 통감해야 할 하나의 종교현상이었다.

기성교회의 양적 성장 속에서도, '축복중심의 신앙'으로 해석되는 개인 구복적인 신앙양태를 추구하고, 비정상적인 교리와 성서해석, 개인숭배의 비뚤어진 카리스마에 의지하는 종파가 만연되는 기독교 저변의 현상, 이것이 폭발적 성장기 한국교회의 중심적 특성이었다. 이는 분단과 전쟁, 사회의 불안이라고 하는 시대적 위기에서 견인해낸 한국교회 유사 이래 최대의 성장과 부흥이라는 긍정적인 측면을 논하는 것과는 또 다른 관점의 유의점이다. 즉, 그와 같은 긍정적 현상 한편에 존재한 성숙하지 못한 기독교 신앙의 현상들, 불균형과 변질된 형태의 기독교 신앙·축복·현세·개인 구원·신유·신비의 신앙양태로 함몰되는 다른 문제점을 지적하지 않을 수 없는 것이다.

그러나 한편으로, 충격과 공포의 시대를 살아 간 민족사회, 갈등과 불확실을 견뎌야 했던 수많은 민중들의 정서를 감안해 보면, 그러한 신앙적 편중현상도 충분히 양해되어야 할 현상이며, 그 나름대로 민족사회와 민중정서의 치유에 큰 몫을 다한 측면이 아닐 수 없다.

한국기독교의 참여와 성숙

1970년대 그리고 1980년대, 한국사회가 경제적 고도성장을 이룩하던 시기, 마침내 한국기독교는 전 국민 25%의 크리스천 시대를 맞이하였고, 주류 중심 종교의 하나로 대두되는 절정기를 맞이했다. 교세와 영향력, 경제적 동원력, 사회세력으로서의 목소리, 긍정적이든 부정적이든 간에 교회가 성안하고 추진할 수 있는 정치·경제·사회·문화에 대한 프로그램과 그 견인력의 크기는 괄목할 만한 범위에 당도했다. 이 시기에 이르러 이제 한국기독교는 소수종교로서의 위축이나 역사가 일천한 종교로서의 소외 등은 전혀 없어 보였다. 오히려 가장 유력한 종교로서의 위치를 차지한 것처럼 보였다.

그러나 반면에 이미 논의한 측면도 있지만, 민족공동체 내에서 당당한 위치를 주장하는 데 있어서, 혹은 기독교회 본연의 정체성을 대내외적으로 드러내는 데 있어서는 몇 가지 지적되어야 할 부분도 제기되었다. 첫째, 수용 이래로 정도의 차이는 있었지만, 민족의 문제에 동참하고 함께 수난을 경험하며 십자가를 짊어진 모습을 보이던 기독교가 그 주류에 있어 기득권의 자리에 서게 된 점이다. 이는 기독교회 존립과 선교의 편의나 수월성을 지닌 것에 그치지 않고 유리한 특권이 형성된 측면도 있다는 의미이다. 둘째, 연관되는 측면일지 모르지만, 신앙양태에 있어 지극히 현실 중심적이고, 축복강조적인 신앙에 지나치게 몰입되어 갔다는 점이다. 이는 지나친 세속화의 길에 동류할 수 있는 트랙으로, 물질 중심·성장 중심·외형 중심의 교회상을 형성하게 되고, 기독교인 개인들뿐만 아니라 교회 자체나 목회 지도력의 방향조차도 외형적 성취에 주안점을 두는 목표가 설정되고 있다는 문제이기도 하다. 셋째, 문화적 방향이 지속적으로 간과되어 수용 1세기를 넘긴 시점에서도 외래종교로서의 이질감을 극복하지 못하는 측면이다. 이는 여러 가지 이유가 함께 작용하였겠지만, 앞서 본 바대로 이미 민족 내 주요 주력종교이며, 기간종교가 된 한국 기독교가 과연 이제는 '한국종교'라고 자신있게 선언할 수 있을까 하는 적응력의 문제이다. 넷째, 해방공간 이후 특수한 이유가 복합되어 전개되기 시작한 분열교회의 이미지를 얼마나 극복해 나가고 있는가 하는 점이다. 이는 한국교회의 신학적인 정당성이요, 지향해야 할 방향임에 분명한 '에큐메니즘'의

가치에 얼마나 충실한가 하는 점이다. 다섯째, 역사의식·참여·실천력을 얼마나 확보하고 이 시대 교회의 비중 있는 중량만큼의 사회적 책임을 다하고 있는가 하는 점이다.

이상 열거한 대개 다섯 가지 정도의 과제를 얼마만큼 묻고 응답할 수 있느냐 하는 것으로 한국교회 현대사의 성숙도, 가능성, 개혁과 갱신을 향한 부단한 지향 능력을 평가할 수 있을 것이다.

제1공화국과 기독교의 관계

한국에서 기독교를 신앙하는 일이 사회적으로 볼 때 유리한 조건이 되거나 더 나아가 기득권에까지 이른 때가 제1공화국 시대이다. 미군정과 연이어 탄생한 대한민국과 초대 이승만 대통령정권 하에서의 기독교는 그 인적 진출과 역할, 사회적 리더십의 발휘에서 단연 앞장서 나갔다. 예를 들어 당시까지만 해도 크리스천의 비율은 5% 내외를 크게 넘지 않았으나 각 부문에서 사회지도급의 역할을 하는 인사들은 적게는 20% 대, 많게는 40%대까지 육박하는 경이적인 기록을 보였다. 이는 몇 가지 이유에서 나타난 현상이다. 첫째, 전체적으로 볼 때 해방 공간과 건국 초기의 전환기에 국제적 감각을 지니고, 조직 구성과 체계적 리더십의 훈련이 되어있는 인사들이 국내외에서 활약하던 크리스천이었다는 사실이다. 둘째, 미군정 실시기간과 나아가 한국전쟁 당시에 형성된 일이기도 한데,

미군 당국과 유엔 등 외교적 루트와 권력핵심과의 파트너십에서 기독교인들을 절대적으로 우대하는 분위기가 존재했다. 물론 이는 기독교인들이 기득권층으로까지 신분적 의미가 확대된 측면이다. 셋째, 권력을 장악한 이승만 대통령과 기독교회, 혹은 기독교인들의 관계이다. 이승만은 스스로 기독교인이었으며, 오랜 미국에서의 활동으로 기독교 문화에 익숙하였다. 더구나 그가 권력을 창출하고 유지해 나가는 데 있어 한국기독교가 큰 영향력을 행사한 바 있다. 이에 이승만과 기독교회는 불가분의 관계를 맺기에 충분한 연결고리를 지니고 있었다.

이러한 상황에서 기독교는 '준국교'의 지위에까지 오른 것으로 여겨졌다. 여기에서 주목해야 할 문제는 편재 비율상 소수였던 기독교가 민족 내 각 부문에서 지도력을 발휘했다는 데 있는 것이 아니다. 이것이 혹 특권화되고, 지배의식이나 우월의식으로 연결되는 것이 문제였다. 특히 논의해 보아야 할 것은 한국기독교사 자체에서도 일제하 식민정책에 적극 가담하고 협력했던 기독교의 주류 세력이 그대로 해방 이후에도 교회의 주도권을 행사해 나갔다는 문제이다. 이는 제1공화국, 곧 이승만 정권이 그대로 일제하 주도 세력을 정권창출의 기반으로 이용했다는 역사적 비판과 맞물려 있다. 이러한 맥락에서 제1공화국의 한 구심점이 된 기독교 리더십도 이른바 '청산'되지 못한 일제하 세력이 다수 포함되었다는 한계를 의미한다. 이러한 상황에서 반성적으로 검토해야 할 점을 신학적 의의에 연결시키면 다음과 같은 문제로 압축된다. 즉, 기독교 본연의 정체성과 연관된 것인데, 그 역사적 '예언성'의 상실이나 약화의 문제이다. 기독교가 사회의 기득권을 지니거나 우대, 혹은 존중받는 일이 특별히 문제될 것은 없다 그러나 그 과정에서 기독교가 중요한 사회적 비판 기능을 상실하고 올바른 가치의 지표나 도덕적 향도 역할을 감당하기 어렵게 되는 것이 문제이다. 역사를 통해서 보면, 기독교는 오히려 낮은 자의 위치, 수난받는 자의 위치에서 역사적 역할을 감당할 때 본래의 정신에 맞는 기능을 다할 수 있었다. 이러한 문제는 제1공화국과 한국기독교의 관계에서도 여실히 드러난다. 당시 이승만 정권의 장기·종신 집권계획과 독재정권의 횡포에서 한국기독교가 어떤 태도를 취했는가를 살펴보자. 이미 제1공화국 말기 한국의 민중 정서는 독재정권의 온당치 못한 권력연장 음모에 염증을 내고 있었고, 이는 분명히 정의롭지도 공정하지도 않은 일이었다. 그런데 한국기독교는 이를 외면하거나 여기에 가담했다. 해석컨대 두 가지 문제를 의식한 것이다. 우선은 수많은 기독교 지도자들이 앞에서 지적한 것처럼 이미 이승만 정권의 각 지도부에 편재해 있었다는 사실이고, 다음으로는 한국에서 역사 이래 가장 '친기독교적'인 정권이 지닌 전체적인 매력에 있었다.

구체적으로 3.15 부정선거가 있기 얼마 전인 1960년 2월 한국기독교계 지도자들 다수가 모여 이승만 장로와 역시 기독교인 이기붕 부통령의 지지와 당선을 위한 한국기독교계의 총력추진은 '신의(神意)'임을 천명하는, '반역사적' 회합이 있었음이 확인된다. 그리고 실제로 다수의 교회에서 이러한 취지의 메시지가 선포되었다. 물론 이는 곧 이은 4.19로 무산되고, 기독교계에도 큰 충격과 반성을 불러일으켰다. 이를 반증하듯 4.19의 주도세력인 학생층, 특히 대표적 기독교대학인 연세대학교의 학생회는 4.19 성명에서 "독재의 우편에 서서 본연의 책무를 망각한 기독교지도자들은 각성하라"는 직설적인 촉구를 하고 있다. 결국 제1공화국의 한국기독교는 역사 이래 가장 우호적인 정권의 보호를 받았고, 교회의 선교와 활동, 기독교인 개인의 사회적 진출에 편의를 제공받았으나, 반대로 강력한 '정교유착'의 특징을 드러내며 기독교의 역사적 책무에 소홀한 측면을 보였다.

새로운 신학적 각성 —4.19·5.16 이후의 기독교

4.19와 5.16을 거치면서, 한국기독교의 현대사도 급변하였다. 일제하, 분단, 한국전쟁이라는 비교적 외적인 제약 조건을 타개하며 넓은 의미의 선교과제를 수행해나가던 교회는 제1공화국 상황에서 지나치게 안이한 방향으로 정착되었다. 그러나 역사적 변혁이 일어나고 기독교에 대한 민족사회의 시선과 요구도 크게 달라졌다. 그리고 기독교계 내부에서도 새로운 역사인식이 움트기 시작했다.

가장 주목되는 것은, 교회의 예언자적 기능의 회복과 이를 한국적 사회상황에서 신학적 이론과 실천으로 진전시킨 '민중

신학'의 창출이다.

5.16 이후 한국사회는 큰 변화에 직면하였다. 다 아는 대로 고도경제성장의 방향이 설정되고 강력히 추진된 것이다. 이는 가난을 버리고 풍요를 지향한다는 민족사의 중요한 염원을 실현해가는 일이었다. 그러나 이 과정에서의 한 여파로 심각한 소외, 즉 빈부의 격차와 노동 착취, 계층간 갈등의 심화가 일어났다. 이것을 성장과정의 필연적인 부작용으로 볼 수도 있으나 그 도가 심각해지면서 많은 사회문제가 파생되었다. 특히 정당치 못한 자본의 횡포, 정경유착의 그늘에서 인권을 철저히 유린당해야 하는 노동근로자들의 애환이 사회적 원성이 되어 나타났다. 이는 신학적으로 보면, 철저한 선교적 문제의 발생이었다. 더구나 여기에 이른바 군사독재정권의 정치적 야심이 노골화되었고, 이는 자본과 권력의 결탁을 통한 불의한 정권의 지속이라는 정치적 상황을 지속시켰다. 이 또한 기독교의 참여 신학으로서는 간과할 수 없는 과제가 아닐 수 없었다. 이러한 한국적 배경 하에서 태동한 신학이 '민중신학'이다. 물론 이는 당시 세계 신학계를 풍미하던, 정치적·사회적·경제적 차별에 항의하는 '소외된 자의 관점에서 보는 신학', 곧 '해방신학' '흑인신학' '여성신학' 등의 패러다임과 궤를 같이 하는 것이며, 그 영향을 상호 주고받은 것임에도 분명하다. 그러나 '민중신학'은 한국적 상황이라고 하는 독특한 배경을 전제하지 않고서는 상정하기 어려운 독자적 목표와 방식을 지닌 신학체계였다. 그렇기 때문에 이 신학은 시대적 정황과

분리하여서는 그 신학적 이론과 실천목표를 논의할 수 없는, 철저한 의미의 상황신학이다. 이러한 상황신학이 시대 안에서 강력한 실천력을 지니는 것은 자명하다. 사회적·경제적 소외의 완화와 해소, 불의한 정권에 대한 항의와 민주화의 실현을 위해 민중신학자 및 그 영향을 받은 기독교인들이 행동하는 신앙을 실천하였고, 나름대로 1970~1980년대 한국사회의 희생적 리더십의 역할을 감당하였다. 그러나 이는 당시 한국교회의 일각에서 일어난 소수의 목소리며, 행동양식이었을 뿐 다수는 역시 탈역사적·개인적 구원에 관심을 두거나 권력과 동류하여 양적·가시적 성장에 몰두하는 경향을 보였다. 한편으로 '민중신학' 계열의 지나친 '정치성' '이데올로기화' '종교적 영성의 결핍' 등이 비판받기도 한다. 이런 측면에서 1970~1980년대의 한국기독교는 소수의 정치적 참여 신앙과 다수의 축복중심의 이기적 신앙 양측 모두 시대적 기능과 기독교 본연의 균형감 유지에서 일부 기여하고, 또 일부 실패한 특징을 나타내고 있다.

한편, 또 다른 신학적 담론으로 '토착화 신학'의 논의가 활발해졌다. 한국교회사의 형성 이래 민족상황에 기독교회가 부응했던 역사적 전거는 다수이다. 그러나 신학적 이론으로서 '토착신학'과 '토착교회'를 한국인 신학자들의 공동체적 학문경향으로 제기하고, 이를 심도있게 논의하기 시작한 것은 1960년대 이후이다. 과연 기독교가 한국인에게서 진정 무엇이고, 한국의 전통이나 문화나 역사의 노정들과 기독교 복음의 관계는 어떻게 설정되어야 하는가 하는 문제는, 성장의 터널을 지나 하나의 성숙한 교회로 나아가는 마당에서 꼭 제기되어야 할 신학적 화두임에 분명하다. 감리교회 소속 신학자들을 중심으로 활발히 논의되기 시작한 '토착화'는 한국의 전통사상, 전통종교, 심지어 신화와 역사까지를 기독교 혹은 성서와 접목시켜 상고하고자 하는 신학운동으로 전개되었다. 이는 분명히 중요한 과정이며 과제였다. 그러나 이 모든 토착화적 담론이 현재에 이르기까지 지속되면서 하나의 한계로 떠오르는 것은 방법론적 문제이다. 즉, 1960년대 이후의 한국토착화 신학은 한국의 전통종교인 불교와 유교, 때로는 한국의 건국신화인 '단군 신화' 등과 기독교의 전통, 성서의 구조를 견주어 보는 신학적 노력이 등장할 정도로 범주가 넓다. 뿐만 아니라 최근에는 일부 신학이지만, 기독교의 발생과 성서 세계의 기원, 그 원형과 관련을 맺고 있다고 해석하는 고대 한국의 문화적 원류가 깊이 논의될 정도로 전개되기도 한다. 그런데 여기에서의 문제는 이런 신학의 방법론, 사고체계, 신학적 접근과 토론 방식이 철저히 서구 신학에서 제기된 구조와 방법론적 오리엔테이션을 사용한다는 점이다. 이는 명실상부하지도 않고, 토착화 담론의 의의 자체를 와해시키는 측면이기도 하다. 또 일부의 경우이지만 '토착화를 위한 토착화', 곧 지나치게 편향된 해석을 통해 토착화 이해의 범주를 벗어난, 국수적 민족주의가 배어나는 듯한 태도는 신학 스펙트럼에서의 한 극단에 머물고 있음을 지적하지 않을 수 없다. 그럼에도 불구하고 이러한 토착화신학이 새로운 신학적 경향으로서 신학 전반에 끼친 자극은 '정치적' 혹은 '몰역사적'이라고 하는, '사회참여'를 기준으로 하는 양극단의 경향성에서 '문화적 사고'를 첨부시키는 '제3의 인식'을 가능케 하였다는 점에서 큰 의미를 지닌다.

또 다른 측면에서 이 시기 수입된 새로운 신학 경향들은 한국교회에 일단의 자극을 주었다. 곧 '평신도 신학'이라는 운동성 있는 경향이다. 한국교회가 역사적으로 성직엘리트 중심의 교회주도력이라든지, 선교사 중심의 의사결정, 방향설정의 역사를 지녀왔음은 다 아는 바이다. 물론 전통적 교회사에서 세계적으로도 그러한 경향은 큰 차이가 없다. 그러나 1960년대 이후 세계 신학계에서는 종교개혁의 시대적 신학정신으로 되돌아가는 개혁성의 하나로 '만인사제적' 역할에 대한 재인식이 이루어졌다. 교회 안에서 평신도가 차지하는 비중과 역할, 성직의 역할과 단절되지 않는 소중한 기능과 소명의 배분이 새롭게 대두된 것이다. 이것을 신학적으로 정리하고 강조한 것이 이른바 평신도 신학이다. 이는 지금도 계속하여 한국교회에서 강조되고 발전되고 있는 신학적 명제이다. 또한 관련이 있는 것이지만, '세속화 신학'은 현대사회에서 교회가 고유의 선교과제를 얼마나 능동적으로 수행할 수 있는가와 연결된 신학논의이다. 이는 현대문명의 특징, 그 상황이해를 충실히 기하는 것부터 출발하는 인식이다. 따라서 앞서 논의한 민중신학을 비롯한 여러 상황신학과 직결되는 연결고리를 지니고 있다. 뿐만 아니라 지극히 개인적인 축복과 현실적 복락을 추구하는 신앙경향과도 함께 연속되는 이해이기도 하다. 즉, 세속화된 교회는 헌신적인 역사참여라고 하는 좌변의 모습으로도 나타나지만, 축복신앙·현실적 성취에 중요한 무게를 두는 우변의 형태로도 나타난다. 결국 새로운 신학적 영향과 각성이 제기되고 선언된 이 시기의 한국 신학은, 참여와 경계를 불문하고 지극히 세속화된 특징에 함몰된 것이 분명하다.

문화를 지향하며

한국교회사의 지속적 관심과 과제는 '정치적 문제'였다. 수용 초기에는 금교상황 하에서 정부와의 관계를 어떻게 설정하느냐가 포교와 확산의 관건이었다. 이는 신·구교 모두에게 공통적인 것이었다. 그리고 연이어 벌어진 상황은 역시 국권의 위기와 상실이라는 민족적 과제에 부응치 않으면 안 되는 상황이었다. 이에 역사적으로 공히 인정되는 이른바 '민족교회'가 창출되었다. 더구나 특기해야 할 사실은 한국 프로테스탄트 교회의 경우, 선교지, 곧 미국의 교파 중심의 주력교회가 일찍이 '정교분리'를 선언하고 정치적 이슈와는 되도록이면 거리를 두고, 정치권력에 의한 교회의 간섭, 나아가 교회의 직접적인 정치적 행동을 자제하는 신학적 경향이었다는 점이다. 그러나 비록 '정교분리'의 특징을 주장하던 복음주의 기독교였지만, 한국의 급박한 민족적 상황 하에서는 예외적인 행동방식을 드러냈다. 선교사들의 선교현장 태도는 물론이요, 한국인 수용자들의 인식과 행동은 더욱 '상황적'이었다. 이는 기독교가 한국교회로 형성되어 나가는 데 있어 피할 수 없는 환경이었다. 이에 따라 한국교회사를 되돌아보면, 한국교회는 민족, 혹은 정치적인 문제에 얼마나 부응하고 관여하였는가, 아니면 그 과제에서 얼마나 멀어져 이른바 '몰역사적' '비정치적'인 경향을 보였는가 하는 잣대로 평가를 받았다고 할 수 있다. 또 전체적으로는 한국교회를 '민족교회'로 부르는 데 있어 많은 역사가들이 동의하며, 그 어떤 '피선교지 교회'로서도 지니기 어려운 '정치적 토착교회'의 형성을 이룩했다는 것도 주지하는 사실이다. 이런 관점에서 본다면, 한국교회는 시기별로 방식이나 정도의 차이가 있기는 하지만, 철저히 정치적으로는 토착화된 교회임에 분명하다.

그러나 이미 제기했던 질문이지만, 문제는 그토록 철저하게 한국 상황에 부응하고 역사적 진로를 함께해 온 한국교회에 대한 한국인 전반의 인식 중에 명실상부한 '토착종교'로서, '한국의 교회'로서의 이미지는 과연 얼마나 보이는가 하는 점이다. 곧 "'한국기독교'는 '한국종교'인가'라고 하는 질문은 얼마만큼의 긍정적 대답을 들을 수 있을까 하는 것이다. 상대적으로 한국 근현대사의 민족적 문제에서 기독교회보다 고난 동참이나 적극적 관여의 폭이 적었다고 평가되기도 하는 불교나 유교와 같은 다른 주요 종교와 비교할 때는 과연 어떤가 하는 의문도 제기할 수 있다. 단지 그 한국종교로서의 인지도가 낮은 것을 여타 종교의 수용역사와 기독교의 전래 수용사

간의 역사적 길이의 차로만 설명할 수 있을까? 물론 수용사의 연륜도 간과하기 어려운 요소임에는 분명하다. 그러나 '민족교회'로 불리며, 민족의 수난과 같은 길을 걸었던 교회가 아직도 한국인들에게 외래종교나 외래적 신념체계로서 인식되고 있다는 점은 검토해 보아야 할 문제가 아닐 수 없다.

여기에는 문화적 영역에 대한 대입으로 그 과제가 명확해질 수 있다. 한국교회는 한국 상황의 정치적 영역에서는 지속적인 대응·접합, 동류를 시도하여 왔으나, 문화적 적응상태는 답보상태였다. 물론 부분적으로 특별한 요소에서 한국문화와의 접촉·수용·토착화가 진행된 사례는 많이 있다. 그러나 전체적인 측면에서 아직 한국교회는 문화적 토착화나 문화적 한국화를 기대만큼 성취하지 못했다. 단적인 예로, 교회 내에서 진행되는 모든 신앙표현 양식, 더 구체적으로 이르면, 한국인 창작 찬송가의 비율 하나마저도 만족할 만한 문화적 체질화를 진행시키지 못했다. 번역 성격의 예배, 예전, 설교, 찬양이 주류일 뿐이다. 뿐만 아니라 교회의 대 사회적 기능이나 역할에서도 수입된 신학·이데올로기·개념을 통한 참여와 실천은 강하나, 한국적 영성이 구현되고 작용하는 측면은 미미하다. 이는 지속적인 과제임에 분명하다. 한국기독교가 한국문화의 표현과 내재로서 더욱 강력한 역할을 감당할 때 한국교회는 한국사회와 더욱 진전된 관계를 형성하리라 여겨진다. 두 공동체, 곧 한국교회와 한국민족공동체의 관계, 물론 상호 포함되는 동심원의 관계이지만, 이 둘의 관계영역은 다음과 같은 변화의 과제를 지니고 있다. 즉, 지속적으로 설정해 온 '정치적 측면'에서 벗어나 이제 '문화적 측면'으로의 전환·확대의 진로를 모색할 과제이다.

한국교회의 역사

펴낸날	초판 1쇄	2003년 10월 30일
	초판 5쇄	2011년 12월 29일

지은이 **서정민**
펴낸이 **심만수**
펴낸곳 **(주)살림출판사**
출판등록 1989년 11월 1일 제9-210호

경기도 파주시 문발동 522-1
전화 031)955-1350   팩스 031)955-1355
기획·편집 031)955-1395
http://www.sallimbooks.com
book@sallimbooks.com

ISBN 978-89-522-0149-2   04080